T0128300

essentials

essentials liefern aktuelles Wissen in konzentrierter Form. Die Essenz dessen, worauf es als „State-of-the-Art" in der gegenwärtigen Fachdiskussion oder in der Praxis ankommt. *essentials* informieren schnell, unkompliziert und verständlich

- als Einführung in ein aktuelles Thema aus Ihrem Fachgebiet
- als Einstieg in ein für Sie noch unbekanntes Themenfeld
- als Einblick, um zum Thema mitreden zu können

Die Bücher in elektronischer und gedruckter Form bringen das Fachwissen von Springerautor*innen kompakt zur Darstellung. Sie sind besonders für die Nutzung als eBook auf Tablet-PCs, eBook-Readern und Smartphones geeignet. *essentials* sind Wissensbausteine aus den Wirtschafts-, Sozial- und Geisteswissenschaften, aus Technik und Naturwissenschaften sowie aus Medizin, Psychologie und Gesundheitsberufen. Von renommierten Autor*innen aller Springer-Verlagsmarken.

Kristina Hennig-Fast

Neuropsychologie dissoziativer Störungen

Eine Einführung

 Springer

PD Dr. phil. habil. Dr. rer. nat. Dipl.-Psych. Kristina Hennig-Fast
Universitätsklinikum OWL,
Ev. Klinikum Bethel,
Psychiatrie und Psychotherapie
Bielefeld, Deutschland

ISSN 2197-6708   ISSN 2197-6716 (electronic)
essentials
ISBN 978-3-662-66685-2   ISBN 978-3-662-66686-9 (eBook)
https://doi.org/10.1007/978-3-662-66686-9

Die Deutsche Nationalbibliothek verzeichnet diese Publikation in der Deutschen Nationalbibliografie; detaillierte bibliografische Daten sind im Internet über http://dnb.d-nb.de abrufbar.

Planung/Lektorat: Heiko Sawczuk
Springer ist ein Imprint der eingetragenen Gesellschaft Springer-Verlag GmbH, DE und ist ein Teil von Springer Nature.
Die Anschrift der Gesellschaft ist: Heidelberger Platz 3, 14197 Berlin, Germany

Was Sie in diesem *essential* finden können

- Einen Blick auf die historische Entwicklung des Konzepts dissoziativer Störungen
- Eine Einführung in die Epidemiologie, Ätiologie und Klassifikation dissoziativer Störungen
- Einen Überblick über die neuronalen, neurobiologischen und kognitiven Veränderungen verschiedener dissoziativer Störungen und dissoziativer Ausprägungen
- Allgemeine, neuropsychologische und neurowissenschaftliche Modelle der neurokognitiven Grundlagen von dissoziativen Störungen

Inhaltsverzeichnis

Einleitung

Ein *Patientenbeispiel* soll die Komplexität dissoziativer Störungen veranschaulichen

Frau E, Mitfünzigerin, kinderlos in langjähriger Ehe und frühberentet, war seit ihrer Kindheit immer wieder in psychiatrischen Behandlungen. Doch erst mit über 50 Jahren berichtet sie offen über alle ihrer Symptome. Zuvor war sie aufgrund von depressiv-ängstlichen Symptomen und einer fluktuierenden Essstörung mehrfach stationär und ambulant behandelt worden. Frau E hat in ihrer Kindheit sowohl emotionalen als auch sexuellen Missbrauch erlebt, zudem konnte sie kaum Bindungen zu Erziehungspersonen aufbauen, da sie in verschiedensten Pflegefamilien untergebracht war. Sie kann kaum positive Erinnerungen bis zum Erwachsenenalter abrufen, sie leidet sowohl unter Amnesie für umfassende Zeitfenster der Kindheit und Jugend, als auch unter intrusiven wiederkehrenden, einschießenden Erinnerungsbildern (Flashbacks) und Albträumen. Sie berichtet von dissoziativen Verarbeitungslücken und Fuguezuständen, die teilweise bis zu mehreren Stunden andauern. Frau E weiß oft nicht, was sie getan hat und wo sie in dieser Zeit war. In ihr seien ein tiefes Wertlosigkeitsgefühl und ein existentielles Schamgefühl verankert. Ihre Depression sei einerseits an diese Wertlosigkeit und existentielle Ablehnung gebunden, andererseits habe dies auch mit den für sie schlecht aushaltbaren dissoziativen Zuständen und den Erinnerungsintrusionen (Flashbacks) zu tun. Darüber hinaus berichtet sie, sich selbst nicht wahrnehmen zu können, wenn sie beispielsweise ihre Hände betrachte, sehe sie die Hände einer sehr alten Frau. Wenn sie in den Spiegel schaue, wechsele ihre Selbstwahrnehmung, manchmal sehe sie ein Kind, manchmal die Großmutter oder die Tante, manchmal sehe sie sich selbst. Eine vollständige und integrierte Selbstwahrnehmung sei ihr meist nicht möglich. Sie leide seit der Kindheit an lebensmüden Gedanken und Impulsen. Neuropsychologisch zeigen sich Defizite in den Aufmerksamkeits- und Exekutivfunktionen sowie im Altgedächtnis, diese Defizite verstärken sich unter Stress und sind in ihrer Ausprägung zustandsabhängig.

1.1 Charakteristika dissoziativer Störungen und Symptome: Definition, Kernsymptome und Störungsspektrum

Unter Dissoziation wird gemäß der konkreten Begriffsbedeutung das teilweise oder vollständige Auseinanderfallen psychischer Funktionen verstanden, d. h. von Funktionen, die normalerweise zusammenhängend miteinander agieren. Dissoziation kann als fehlende Integration von Funktionen auf psychischem und neuronalem Level beschrieben werden (Scalabrini et al., 2020).

Das dissoziative Auseinanderfallen von Funktionen betrifft oftmals die Funktionsbereiche Wahrnehmung, Bewusstsein, Körperrepräsentation, Gedächtnis, Identität, Motorik, Emotion, Kontrolle und Verhalten sowie seltener auch Körperempfindungen, wie Schmerz, Hungergefühl, interozeptive Körperzustände (The Diagnostic and Statistical Manual of Mental Disorders, 5th ed.; DSM-5, American Psychiatric Association, APA, 2013).

Zu den *Kernsymptomen* der Dissoziation gehören Disengagement (Aufmerksamkeit nicht an reale Umgebung gebunden, „Abtauchen"), emotionale Verengung, Gedächtnisstörungen, Depersonalisation (das Gefühl, außerhalb des eigenen Körpers zu stehen und nicht zu ihm zu gehören), Derealisation (Gefühl, dass die Dinge um einen herum nicht real sind) und Identitätsdissoziation (Briere et al., 2005; Dell & Lawson, 2009; Lanius et al., 2012; Spiegel et al., 2013).

Dissoziative Störungen wurden hinsichtlich ihres *Schweregrades auf einem Kontinuum* konzeptualisiert (siehe Abb. 1.1), das von normaler Bewusstseinsintegration, über Zustände von Depersonalisation/Derealisation bis hin zur Identitätsfragmentierung an Schweregrad variieren kann (Bernstein & Putnam, 1986; Bremner & Marmar, 1998; Putnam, 1997). D. h., das Spektrum an dissoziativen Phänomenen ist breit und reicht on harmlosen Alltagserscheinungen bis hin zu pathologischen Formen, die als dissoziative Störungen umschrieben werden. Es gibt also einerseits eher leichte Symptome, die vielen Gesunden aus dem

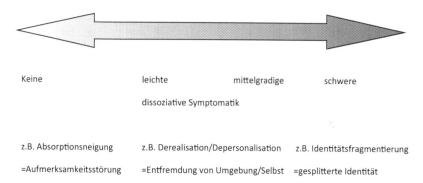

Keine   leichte   mittelgradige   schwere

dissoziative Symptomatik

z.B. Absorptionsneigung   z.B. Derealisation/Depersonalisation   z.B. Identitätsfragmentierung

=Aufmerksamkeitsstörung   =Entfremdung von Umgebung/Selbst   =gesplitterte Identität

Abb. 1.1 Das Kontinuum der Dissoziation: Dissoziation kann in unterschiedlichen Schweregraden auftreten, variiert innerhalb einer dissoziativen Situation und zwischen Individuen. (Dissoziative Neigung)

Alltag bekannt sind, dem gegenüber stehen schwerere Symptome, die zu deutlichen Beeinträchtigungen und klinisch relevantem Leiden führen und daher als psychische Störungen bezeichnet werden.

Übersicht

Merke 1: Typische *Beispiele für leichte dissoziative Zustände*, wie sie im Alltag normalerweise auftreten können, sind Dissoziationen im Rahmen automatisierter Handlungen. So kann es passieren, dass wir beim Autofahren, bei uns gut bekannten Strecken, z. B. von Zuhause zur Arbeit, und bei stark automatisierten Handlungen, wie z. B. Gas-, Kupplungspedale, Schaltung bedienen oder aber bei der Ampelfarbe Grün zu reagieren, an unserem Fahrziel ankommen, ohne dass wir uns unserer einzelnen Handlungen und der gefahrenen Strecke wirklich bewusst sind oder die Signalreize bewusst verarbeitet haben. Es zeigen sich *interindividuellen Unterschiede zur Dissoziationsneigung*. Diese können sich auch bei mentalen Vorgängen, wie z. B. hinsichtlich der Neigung zum Tag Träumen, der Phantasieausprägung, der mentalen Absorption (mit inneren Prozessen beschäftigt sein) als auch der Hypnotisierbarkeit finden. Auch stärkere Ausprägungen dieser Neigung können ohne klinisch relevante, psychische Störung auftreten. Allerdings können *Stressoren die Häufigkeit und die Stärke des Auftretens* der Dissoziationsneigung erheblich beeinflussen.

Merke 2: *Dissoziation kann jedoch auch schwerwiegend* sein. Oftmals
besteht eine schwere Dissoziationsneigung über sehr lange Lebensphasen, oftmals besteht sie seit der Kindheit. Nicht alle Betroffenen sind
sich im vollen Umfang ihrer dissoziativen Symptome bewusst. Sie werden von ihrer Dissoziation als nicht kontrollierbar erleben. *Oftmals wird die
dissoziative Symptomatik zunächst auf organische Ursachen zurückgeführt,*
da sie den Betroffenen nicht erklärbar erscheint. Erst wenn diese ausge-
schlossen wurden und Psychoedukation erfolgt ist, können Betroffene ihre
Dissoziationen besser einordnen und verstehen. Letzteres ist eine Behand-
lungsvoraussetzung. Schwerere Formen der dissoziativen Phänomene sind
gekennzeichnet durch einen *Verlust der psychischen Integration des Erlebens
und Handelns.* Die Betroffenen empfinden nicht mehr die Ganzheitlichkeit
der eigenen Person. Sie sind durch einen teilweisen oder völligen Verlust
der integrativen Funktionen des Bewusstseins, des Gedächtnisses, der personalen Identität sowie durch qualitative Veränderungen der Selbst- und der
Umweltwahrnehmung gekennzeichnet.

1.2 Historische Entwicklung des Konzepts und Entwicklung störungsspezifischer und diagnostischer Kriterien in den Klassifikationssystemen

Schon *der Experimentalpsychologe Pierre Janet* sah in der dissoziativen Disin-
tegration eine *„Disaggrégation der Psyche"* (Janet, 1889/1973). Er entwickelte
die Idee von der *Trennung in einen Funktionsanteil und einen traumatragenden
Anteil.* Als Dissoziation bezeichnet Janet den Prozess, in dem ein Teilsys-
tem von Gedanken sich verselbständigt und unabhängig von anderen Systemen
weiterentwickelt (Janet, 1889). Wie bei so vielen stressbezogenen Störungen
entwickelte sich dieser Ansatz durch die Untersuchung und Behandlung trau-
matisierter Soldaten im Ersten Weltkrieg weiter. Janets Ideen wurden zudem von
neurologischen Erkenntnissen seiner Zeit beeinflusst. Vor allem *Hughlings Jacksons* Ideen (1835–1911), englischer *Neurologe und Epileptologe,* fanden Einzug
in Janets Doktorarbeit zur Dissozation. Jackson konzipierte in seinem Modell
die Dissoziation als mangelhafte Intergration zwischen hierarchisch organisier-
ten Ebenen: Er nahm an, dass der Geist/Verstand (Mind) oder das Selbst (self)
Manifestationen von neuronalen Funktionen seien. Er warnte davor psychische

Zustände und neuronal bedingte Zustände („psychical states with nervous states") als austauschbare, identische Phänomene anzusehen oder Geist/Verstand und Gehirn als austauschbare, identische Begriffe zu verwenden (Jackson, 1931/32, vol. II, p. 9). Er vertrat die Überzeugung, dass eines aus dem anderen entstünde, so dass eine gleichzeitige Parallelität („concomitant parallelism") existiere (Jackson, 1931/32, vol. II, p. 42). Er wurde seinerzeit von Evolutionstheorien und physikalisichen Theorien beeinflusst und entwickelt seine Überzeugung, dass das *ZNS eine hierarchische Organisation aufweist, welche die evolutionäre Entwicklungsgeschichte widerspiegelt.* Aufsteigende neuronale Organisationsstufen zeigen nach Jackson eine zunehmende Integration und Koordination von sensomotorischen Repräsentationen. Die höchste Koordinationsstufe, die das höchste Maß an willentlicher Kontrolle ermöglicht, beruht nach Jackson auf *präfrontaler Aktivität.* Jackson nutzte den Begriff *der Auflösung („dissolution"),* um das Phänomen der Dissoziation zu beschreiben, als eine Unterbrechung der ontogenetisch und phylogentisch zuletzt entwickelten zerebralen Funktionen, die widerum die Unterbrechung reflexiber Kapazitäten beeinflusst. Er nahm an, dass vor allem die aus evolutionärer Perspektive zuletzt entwickelten Funktonen, die fragilsten, für Störungen anfälligsten Funktionen zuerst von Auflösung betroffen seien. *Auflösung sei ein der evolutionären menschlichen Entwicklung entgegengesetzter Prozess,* der zu weniger willentlich gesteuerten, automatischeren, weniger komplexen Funktionsweisen sowie zu einer Dominanz früher evolutionärer Funktionsweisen führen würde.

Entsprechend ist gemäß Janets und Jacksons Schlussfolgerungen die Ursache der Dissoziation *ein Misslingen des synthetisierenden Prozesses der Integration von und Anpassung an neue Informationen.* Er sah darin grundsätzlich eine Störung des Gedächtnisses, die die Integration von z. B. traumatischen Erinnerungen in bestehende kognitive Strukturen verhindere. Als Folge entstünde die Abspaltung dieser Informationen von Bewusstsein und willentlicher Kontrolle. Symptomatisch zeige sich das in *Dissoziation* und *Amnesie,* also in psychischen und somatoformen Symptomen. Er entwickelte in Konsequenz einen therapeutischen Ansatz für traumatisierte Patienten, um mit einer systematischen, phasenorientierten Behandlung bestehend aus *Stabilisierung, Traumabearbeitung* und *Integration* eine kognitive Reintegration der traumatischen Erinnerungen zu erreichen.

Janet operationalisierte das *Bewusstsein als ein Produkt eines größeren regulierenden Systems, das äußere, exterozeptive, umweltorientierte Bewegungen und innere, interozeptive (oder propriozeptive) Regulierungssysteme* integriert (siehe Abb. 1.2). Wenn dieses intern-externe Regulierungssystem aus dem Gleichgewicht gerät oder gestört sei, so meint Janet, zum Beispiel durch überwältigende emotionale Erfahrungen, entstehe ein unbewusster psychologischer Automatismus. Die emotionalen Inhalte würden dann nicht im Bewusstsein integriert. Dann fehle es deshalb der betroffenen Person an angemessener Aufmerksamkeit, Urteilsfähigkeit und Handlungsfähigkeit, um sich in der Umwelt zurechtzufinden und mit ihr zu interagieren. *Janets Operationalisierung kann als Wurzel einer neuropsychologischen Perspektive der Dissoziation* interpretiert werden.

„*Dissoziative Störungen*" werden als *Oberbegriff* für sehr unterschiedliche Krankheitsbilder verwendet, die

a) isoliert oder
b) kombiniert vorkommen, und die
c) häufig komorbid mit anderen Diagnosen auftreten.

Für dissoziative Symptome wurde bis ins 20. Jahrhundert hinein der Begriff „*Hysterie*" gebraucht, heute gilt dieser als *veraltet*. Ungefähr zeitgleich mit der

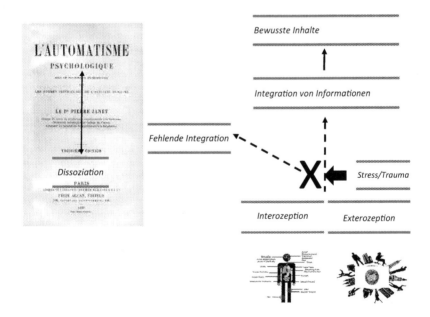

Abb. 1.2 Adaptiert nach Scalabrini et al. (2020): Das integrative Regulationssystem nach Janet

Einführung des DSM-III (APA, 1987; dt. Fassung 1989) gewann Janets Konzept der Dissoziation auch klinisch gegenüber dem Konzept der Verdrängung nach Freud wieder neue Aktualität. *Dissoziation wurde nun als komplexer psychophysiologischer Prozesse betrachtet, bei dem es zu einer teilweisen oder völligen Desintegration psychischer Funktionen, der Erinnerung an die Vergangenheit, des Identitätsbewusstseins, der unmittelbaren Empfindungen, der Wahrnehmung des Selbst und der Umgebung kommt.* Eine Unterbrechung der Wahrnehmung der Körperrepräsentation, der motorischen Kontrolle und des Verhaltens wurden ebenfalls der Dissoziation zugeordnet.

Mit der Einführung des *DSM-IV* (APA, 1995) gab es vier Störungskategorien: Somatisierungsstörung, Konversionsstörung, histrionische Persönlichkeitsstörung und die Gruppe der dissoziativen Störungen. Das *DSM-5* (APA, 2013) subsumiert sie in die Gruppe der somatischen Belastungsstörung und verwandter Störungen.

In der *ICD-10* (WHO, 1992) werden die dissoziativen und die Konversionsstörungen in einer Gruppe zusammengefasst. Zu den dissoziativen Störungen werden nach ICD-10 (WHO, 1992) die dissoziative Amnesie, die dissoziative Fugue, die dissoziative Identitätsstörung, andere dissoziative Störungen sowie die Depersonalisation und Derealisation gezählt. Die ICD-10 (WHO, 1992) führt die Konversionsstörung ebenfalls unter den dissoziativen Störungen auf. Aufgrund unterschiedlicher Klassifikationskonzepte in der ICD-10 (WHO, 1992) und dem DSM-5 herrscht bezüglich der Frage, wie dissoziative Symptome, die sich auf körperlicher Ebene abspielen, einzuordnen sind, nicht immer Klarheit. Im DSM-5 werden körperliche Symptome unter der Kategorie „Somatic Symptom and Related Disorders" aufgeführt, hierzu gehören die folgenden:

300.82 Somatic symptom disorder
300.7 Illness anxiety disorder
Keine Nummer Conversion Disorder (Functional Neurological Symptom Disorder)
300.16 Psychological factors affecting other medical condition
300.19 Factitious disorder
300.89 Other specified somatic symptom and related disorder
300.82 Unspecified somatic symptom and related disorder
Die Konversionsstörung (funktionelle neurologische Symptomstörung) wird ja nach
Symptomatik in der ICD-10 (WHO, 1992) weiter in die folgenden Symptomtypen unterteilt:
F44.4 (mit Schwäche oder Lähmung)
F44.4 (mit abnormalen Bewegungen)

F44.4 (mit Schlucksymptomen)
F44.4 (mit Sprachsymptomen) (Dysphonie, verwaschene Sprache)
F44.5 (mit Anfällen)
F44.6 (mit Amnesie oder Erinnerungsverlust)
F44.6 (mit speziell sensorischen Symptomen) (visuellen, olfaktorischen oder Hörstö rungen)
F44.7 (mit gemischten Symptomen)

Hervorgehoben wird in der ICD-10 (WHO, 1992), dass der Beginn der Konversionsstörung mit Stress oder traumatischen Erfahrungen sowohl psychischer als auch physischer Natur verbunden sein kann und dass die Störung häufig auch mit dissoziativen Symptomen, wie Depersonalisation, Derealisation oder einer dissoziativen Amnesie, verbunden ist. Im DSM-5 gibt es zudem die Kategorie „Trauma and Stressor-Related Disorders" (trauma- und stressorbezogene Störungen). Hierunter ist die 309.81, die „Posttraumatic Stress Disorder", kategorisiert. Hier findet sich eine weitere Spezifizierungsmöglichkeit, die „Posttraumatische Belastungsstörung mit dissoziativen Symptomen" mit den Zusätzen Depersonalisation und Derealisation. Die Dissoziative Amnesie wird im DSM-5 (APA, 2013) nicht aufgeführt, aber es wird unter „Komorbidität" darauf hingewiesen, dass viele Individuen mit dissoziativer Amnesie irgendwann in ihrem
Leben eine posttraumatische Belastungsstörung entwickeln, insbesondere dann, wenn die traumatischen Erinnerungen, die eine Amnesie auslösen, ins Bewusstsein kommen. Eine peritraumatische Dissoziation und auch eine weiterhin bestehende dissoziative Symptomatik erhöhen das Risiko der Entwicklung einer chronischen posttraumatischen Belastungsstörung und sagen diese besser vorher als andere Symptombereiche (Murray et al., 2002; Brand & Stadnik, 2014).
In der *ICD-11 (WHO, 2020)* sind die Anpassungen im Bereich der dissoziativen Störungen bedeutsam, vor allem, weil zusätzlich einige neue Diagnosen, z. B. die *der funktionellen neurologischen Störungen (6B60)*, eingeführt werden.

Dissoziative Störungen (6B6) in der ICD-11 (WHO, 2020) sind:

- Dissoziativ-neurologische Symptomstörungen (6B60)
- Dissoziative Amnesien (6B61)
- Trance Störung (6B62)
- „Possession trance disorder" (6B63)
- Dissoziative Identitätsstörung (6B64)

- Partielle Dissoziative Identitätsstörung (6B65)
- Depersonalisations-Derealisationsstörung (6B66)

Bei den dissoziativ-neurologischen Symptomstörungen in der ICD-11 (WHO, 2020) geht es primär um körperliche dissoziative Symptome in der Motorik und Sensorik. Auch einzelne psychische dissoziative Symptome, wie z.b. dissoziatives Stimmenhören (welches differentialdiagnostisch vom psychotischen Stimmenhören abgegrenzt werden muss), werden hier aufgeführt.

Exkurs
Dissoziativ-neurologische Symptomstörungen sind:

- DNSS mit visuellen Beeinträchtigungen (6B60.0): Visuelle Verzerrungen, Tunnelblick, Halluzinationen, Blindheit
- DNSS mit akustischen Beeinträchtigungen (6B60.1): Akustische Halluzinationen (Unspezifisch), Hörverlust, dissoziatives Stimmenhören
- DNSS mit Schwindel oder Benommenheit (6B60.2)
- DNSS mit anderen sensorischen Beeinträchtigungen (6B60.3): Brennen, Schmerzen, Kribbeln, Anspannung, Gefühllosigkeit, oder andere Symptome im Zusammenhang mit Berührung, Geschmack, Geruch, Gleichgewicht, Tiefensensibilität, Bewegungssinn oder Temperatursinn.
- DNSS mit nicht-epileptischen Krampfanfällen (6B60.4)
- DNSS mit Beeinträchtigungen des Sprechens (6B60.5): Dysarthrie
- DNSS mit Parese oder Schwäche (6B60.6)
- DNSS mit Beeinträchtigungen des Gangs (6B60.7): Ataxie u. a.
- DNSS mit Beeinträchtigungen der Bewegungen (6B60.8): Chorea, Myoklonus, Tremor, Dystonie, Gesichtsspasmen, Parkinsonismus, Dyskinesien
- DNSS mit kognitiven Symptomen (6B60.9): eingeschränkte kognitive Leistungsfähigkeit von Erinnerung, Sprache oder anderen kognitiven Bereichen

Die Diagnosesysteme lassen sich in einer Übersicht vergleichen (Tab. 1.1).

Tab. 1.1 Vergleich der Klassifikationssysteme DSM-5, ICD-10, ICD-11

DSM-5	ICD-10	ICD-11
Dissociative disorders	F44 Dissoziative Störungen (Konversionsstörungen)	6B6 Dissoziative Störungen
300.12 Dissoziative Amnesie 300.13 Dissoziative Fugue - -	F44.0 Dissoziative Amnesie F44.1 Dissoziative Fugue F44.2 Dissoziativer Stupor F44.3 Trance und Besessenheitszustände	6B61 Dissoziative Amnesie - - 6B62 Trancezustände 6B63 Besessenheitszustände
-300.11 Konversionsstörung (Kategorie: somatoforme Störung)	F44.4 – F44.7 dissoziative Störungen der Bewegungs- und der Sinnesfunktionen	6B60 funktionelle neurologische Störungen (dissoziative Störungen mit neurologischen Symptomen) 6B600 -mit Sehstörung 6B601 -mit Hörstörung 6B602 – mit Schwindel 6B603 – mit anderen Sinnesstörungen 6B604 – mit nicht-epileptischen Anfällen 6B605 – mit Sprachstörungen 6B606 – mit Lähmung oder Schwäche 6B607 – mit Gangstörung 6B608 – mit Bewegungsstörung 6B65 sekundäres dissoziatives Syndrom
	F44.8 andere dissoziative Störungen (Konversionsstörungen), gemischt	6B6Y andere spezifische Störungen -
300.14 Dissoziative Identitätsstörung (DIS)	F44.81 multiple Persönlichkeitsstörung -	6B64 dissoziative Identitätsstörung (multiple Persönlichkeitsstörung) 6B65 partielle Identitätsstörung
- -	F44.82 vorübergehend dissoziative Störungen (Konversionsstörungen) in der Kindheit und Jugend F44.88 sonstige näher bezeichnete dissoziative Störung F44.9 nicht näher bezeichnete	-
300.15 nicht näher bezeichnete dissoziative Störung F300.16 Depersonalisationsstörung	dissoziative Störung (Konversionsstörung) F48.1 Depersonalisations-/ Derealisationssyndrom (Kategorie: sonstige neurotische Störung=	6B6Z andere spezifische dissoziative Störungen 6B66 Depersonalisations- /Derealisationsstörung

Pathologie, Ätiologie und Epidemiologie

2

2.1 Ursache, Entstehung und Auftreten der dissoziativen Störungen

Dissoziative Störungen sind also durch einen teilweisen oder völligen Verlust der integrativen Funktionen des Bewusstseins, des Gedächtnisses, der personalen Identität sowie durch qualitative Veränderungen der Selbst- und der Umweltwahrnehmung charakterisiert. Zu den dissoziativen Störungen gehören die dissoziative Amnesie, die dissoziative Fugue, die dissoziative Identitätsstörung, andere dissoziative Störungen sowie die Depersonalisation und Derealisation (Kapfhammer, 2016). Ursache und Entstehung dissoziativer Störungen sind multifaktoriell bedingt. Traumatische Einflüsse spielen häufig, aber nicht immer eine grundlegende Rolle bei der Entwicklung der Symptomatik. Es kommen unterschiedliche Schweregrade und Verlaufstypen vor.

Dissoziative Symptome treten nur selten als Einzelstörungen auf; sie zählen zur kormobiden Symptomatik verschiedener anderer psychischer Störungen, wie der Posttraumatischen Belastungsstörung, Phobie, Depression, Schizophrenie oder Borderline-Persönlichkeitsstörung. Dissoziative Störungen treten meistens erstmals vor dem 30. Lebensjahr auf, bei Frauen circa dreimal häufiger als bei Männern. Hinsichtlich der Epidemiologie finden sich etwas unterschiedliche Angaben in der Literatur. Die DIS und andere dissoziative Störungen sind jedoch keineswegs selten. Nach einer Studie von Spitzer et al. (2007) lag die Prävalenz pathologischer dissoziativer Störungen zwischen 0,3 und 1,8 %. Es sind vermutlich 1,4 bis 4,6 % der Bevölkerung davon betroffen. Nach Spiegel et al. (2011) können die Prävalenzraten je nach kulturellen Faktoren leicht zwischen 2 und 3 % divergieren. Nach Foote, Smolin, Kaplan, Legatt & Lipschitz (2006) wird die Prävalenz dissoziativer Störungen bei psychiatrischen und/oder

K. Hennig-Fast, *Neuropsychologie dissoziativer Störungen*, essentials, https://doi.org/10.1007/978-3-662-66686-9_2

Tab. 2.1 Übersicht der wichtigsten Angaben zur Epidemiologie nach ICD-10 Terminologie. (Nach Priebe et al., 2016)

Punktprävalenz	• Dissoziative Amnesie: ca. 3–5 % • Dissoziative Fugue: ca. 0,2 % • Dissoziative Bewegungsstörungen: unbekannt • Dissoziative Krampfanfälle: 2–33 von 100.000 • Dissoziative Sensibilitäts- u. Empfindungsstörungen: unbekannt • Konversionsstörungen insgesamt: ca. 0,3 % Dissoziative Identitätsstörung: ca. 0,5–1 % • Depersonalisations-/Derealisationssyndrom: ca. 1–2,5 %
Geschlechterverhältnis	Frauen > Männer ca. 3:1
Ersterkrankungspeak	zwischen dem 17. und 32. Lebensjahr
Häufigste Komorbiditäten	Posttraumatische Belastungsstörung, Depression, Angststörungen, Persönlichkeitsstörungen, somatoforme Störungen (Prävalenz bei psychiatrischen und/oder psychotherapeutischen Patienten mit bis zu 30 %)

psychotherapeutischen Patienten mit bis zu 30 % angegeben (Tab. 2.1, Priebe et al., 2016).

2.2 Manifestation der dissoziativen Störungen in der Kindheit

Bei zwei Dritteln der Betroffenen manifestieren sich die *Symptome zwischen dem Beginn der Adoleszenz und dem 3. Lebensjahrzehnt*. Bei komplex traumatisierten Patienten zeigt sich eine Dekompensation überdurchschnittlich häufig zwischen dem 35. und 45. Lebensjahr, bei bis dahin erfolgreich angewandter Coping-Strategien. Dies scheint insbesondere bei weiblichen Patientinnen der Fall zu sein (Mattheß & Schüepp, 2013). Bei der Frage der Geschlechterverteilung im Erwachsenenalter besteht Konsens, dass die Verteilung ungefähr 1:3 männlich zu weiblich gilt, welches mit der Verteilung der komplex traumatisierten Patienten zusammenhängen könnte. Im Kindesalter scheint dieses Verhältnis hingegen eher ausgeglichen zu sein (z. B. Kostopoulos & Snow, 1986). Die besonders vulnerable psychobiologische Entwicklung im Kinders- und Jugendalter wird vor allem durch frühe Bezugspersonen moduliert. Eine stabile, gesunde Affektregulation entsteht normalerweise durch die Verbindung von Entwicklungs-

und Selbstzuständen auf der Basis resonanter, kohärenter und integrierter neuronaler Erfahrungen (Putnam, 1997). Demnach ist das Selbst ein sich ständig weiter entwickelndes System, das sich in verschiedenen Selbstzuständen zeigt, die uns mehr oder weniger bewusst sein können. Diese Selbstzustände können auch als Konstruktionen selbstreferentieller neurobiologischer Systeme verstanden werden. Die Entwicklung Selbstsystems kann durch nicht zu integrierende, inkohärende Erfahrungen gestört werden. Diese Störungen schlagen sich sowohl auf neurobiologischer als auch auf kognitiver, affektiver, verhaltensbezogener und auch auf körperbezogener Ebene nieder.

Im Kindes- und Jugendalter manifestieren sich auf Symptomebene häufig psychogene Krampfanfälle, Bewegungsstörungen (vor allem Gangstörungen und Lähmungen), Dämmerzustände und Sehstörungen. Die dissoziativen Bewusstseinsstörungen, wie dissoziative Amnesien, Fugue-Zustände oder Trance- und Besessenheitszustände treten bei Kindern- und Jugendlichen sehr selten auf. Hingegen kann es zu Erinnerungslücken und maladaptivem „Day dreaming" (z. B. Somer et al., 2021). kommen, selten werden ekstatische Verhaltensweisen, eingeschränkte Bewusstseinszustände oder Schlafwandeln gesehen. Im Kindes- und Jugendalter stehen, so bisherige Studien an kinder- und jugendpsychiatrischen Patienten, bei ca. 40 % aller dissoziativen Störungen Anfälle oder Bewegungsstörungen im Vordergrund. Bei jeweils 13 % äußert sich die Symptomatik in Form von psychogenen Lähmungen oder sensorischen Ausfällen. Seltener wird von Seh- und Hörstörungen berichtet. Eine gänzliche Blindheit kommt bei Kindern und Jugendlichen ohnedies selten vor. Dagegen kommt es zur Abnahme der Sehschärfe bzw. verschwommenem Sehen oder zu Gesichtsfeldeinschränkungen, die als Tunnelblick beschrieben werden.

Fallbeispiel: Dissoziative Störung im Kindes- und Jugendalter
Junge, 12 Jahre, aus Flüchtlingsfamilie, 3 jüngere Geschwister. Pat. zeigt nach Klassenfahrt Lähmungserscheinungen in den Beinen sowie Phasen von Blindheit. Er bewegt sich zunehmend weniger, nur noch mit Gehhilfen und im Rollstuhl, alle somatischen Untersuchungen sind mit negativem (fehlendem) Befund. Eltern verzweifelt, Sohn eher teilnahmslos. Er bekommt in Folge zunehmend mehr Zuwendung.

Gegenwärtige Theorien der Dissoziation mit neuropsychologischem Bezug

3

Während einige theoretische Konzepte dissoziative Erfahrungen als Spaltung des Selbstgefühls beschreiben (van der Hart et al., 2004, 2006), betonen andere veränderte Bewusstseinszustände im Zusammenhang mit dissoziativen Erfahrungen (Cardeña & Carlson, 2011; Frewen & Lanius, 2015; Holmes et al., 2005; Putnam, 1997; Spiegel et al., 2013; Steele et al., 2009). Im Folgenden werden die für dieses Buch wichtigsten Modelle der Dissoziation vorgestellt.

3.1 Dissoziation als gestörte Integration: Modell der drei „Ebenen" der Dissoziation nach Van der Kolk und Fisler (1995)

Van der Kolk und Kollegen versuchten verschiedene dissoziative Phänomene in ein Modell der Dissoziation zu integrieren. Dieses Modell liegt vielen einflussreichen Forschungsarbeiten zugrunde (z. B. Brand et al., 2012; Meares, 2012; Meares & Barral, 2019; Lanius et al., 2002; Lanius et al., 2010, 2012)

Van der Kolk und Fisler (1995) stimmen mit Spiegel und Cardeña (1991) darin überein, dass sich Dissoziation ursprünglich auf eine Abtrennung der Erfahrung bezieht: *Elemente der Erfahrung werden nicht in ein einheitliches Ganzes integriert, sondern als isolierte Fragmente, bestehend aus Sinneswahrnehmungen oder affektiven Zuständen, im Gedächtnis gespeichert.* Der Begriff Dissoziation wird nach Van der Kolk zur Beschreibung von vier verschiedenen, aber miteinander verbundenen Phänomenen unterschiedlicher Schweregrade verwendet:

1. sensorische und emotionale Fragmentierung des Erlebens;
2. Depersonalisierung und Derealisierung im Moment des Traumas, die sie in Anlehnung an Marmar et al. (1994) als peritraumatische Dissoziation bezeichnen;
3. fortgesetzte Depersonalisierung und Derealisierung und „Abspaltung" im Alltag;
4. das Festhalten der traumatischen Erinnerungen in verschiedenen „Ich-Zuständen".

Ihre Klassifizierung basiert auf der Annahme, dass während und nach traumatischen Erfahrungen eine Reihe von typischen Reaktionen oder Prozessen ablaufen, die als „dissoziativ" bezeichnet werden. Unter Verwendung des *Konzepts der „Ebenen der Dissoziation"* unterschieden Van der Kolk und Kollegen *drei solcher „Ebenen"*.

1. *Primäre Dissoziation:* Gedächtnisfragmentierung: Van der Kolk et al. (1996) stellen fest, dass ein Trauma im Gedächtnis oft zuerst auf einer Wahrnehmungsebene organisiert wird. Ihrer Ansicht nach werden „Erinnerungen" an das Trauma zunächst als Fragmente der sensorischen Komponenten des Ereignisses erlebt – als visuelle Bilder, olfaktorische, auditive oder kinästhetische Empfindungen oder intensive Gefühlswellen, von denen die Patienten gewöhnlich behaupten, dass es sich um Repräsentationen von Elementen des ursprünglichen traumatischen Ereignisses handelt. Van der Hart und Nijenhuis (1998) bringen diese Fragmentierung mit dem Vorhandensein von Bewusstseinszuständen in Verbindung, die sich vom normalen Bewusstseinszustand unterscheiden.
2. *Sekundäre Dissoziation: peritraumatische Dissoziation:* Van der Kolk geht davon aus, dass, sobald sich eine Person in einem traumatischen (dissoziierten) Bewusstseinszustand befindet eine weitere Desintegration von Elementen der persönlichen Erfahrung stattfinden kann (Van der Kolk et al., 1996). Mit anderen Worten, es findet eine komplexere, sekundäre Art der Dissoziation statt. Die sekundäre Dissoziation kann auch Veränderungen im Erleben von Zeit, Ort und Person beinhalten, die dem Ereignis ein Gefühl der Unwirklichkeit verleihen, während es sich ereignet. Viele Betroffene erleben Depersonalisation, außerkörperliche Erfahrungen, Verwirrung, Desorientierung, verändertes Schmerzempfinden, verändertes Körperbild, Tunnelblick und unmittelbare dissoziative Erfahrungen (Van der Kolk et al., 1996). Diese akuten Traumareaktionen wurden von Marmar und Kollegen als peritraumatische Dissoziation bezeichnet (z. B. Marmar et al., 1994). Van der Hart und Nijenhuis (1998)

stellen fest, dass, während die primäre Dissoziation die „Kognitionen" der Menschen in Bezug auf die Realität ihrer traumatischen Erfahrung einschränkt, die sekundäre Dissoziation oder peritraumatische Dissoziation die Menschen aus dem Kontakt mit ihren Gefühlen und Emotionen im Zusammenhang mit dem Trauma bringt (Emotionale Taubheit).

3. *Tertiäre Dissoziation: Entwicklung von dissoziativen Störungen:* Die tertiäre Dissoziation bezieht sich auf die Entwicklung verschiedener „Ich-Zustände" (Van der Hart & Nijenhuis, 1998): Einige von ihnen enthalten die traumatische Erfahrung und bestehen aus mehreren Identitäten mit unterschiedlichen kognitiven, affektiven und behavioralen Mustern. Verschiedene „Ich-Zustände" können den Schmerz, die Angst oder die Wut enthalten, die mit bestimmten traumatischen Erfahrungen verbunden sind; andere „Ich-Zustände" sind sich des Traumas und der damit verbundenen Auswirkungen nicht bewusst und sind in der Lage, Routinefunktionen des täglichen Lebens auszuführen.

3.2 Modell der primären, sekundären und tertiären Dissoziation nach Van der Hart, Nijenhuis und Steele (2006)

Eine ähnliche Aufteilung vertreten Van der Hart, Nijenhuis und Steele (2006), ihrer Auffassung nach gibt es im Rahmen der Dissoziation einen Funktionsanteil bzw. der *anscheinend normale Persönlichkeitsanteil (ANP, apparently normal person)*, der für das Alltagsmanagement, die Bewältigung der Anforderungen und somit für das Überleben zuständig ist. Dieser Teil „kümmert sich" um Arbeit, Alltagsaufgaben, Kontakte, Kindererziehung, Hobbys und alle weiteren Anforderungen. Der ANP wird als vermindert emotional schwingungsfähig beschrieben und entspricht nicht mehr der vollen „Ursprungspersönlichkeit". Der ANP zeigt sich jedoch phobisch-vermeidend gegenüber den *emotionalen Persönlichkeitsanteilen (EP, emotional persons)*, die Träger von emotional belastenden Erfahrungen sind. Diese Vermeidung resultiert in mehr oder weniger stark ausgeprägten Amnesien, Gefühlen der Betäubung und Gleichgültigkeit. Dissoziative Symptome sind demnach als eine Anpassungsleistung der Person zu verstehen, um trotz erlittener belastender Erfahrungen und unverarbeiteter Traumata „anscheinend normal" im Alltag weiterexistieren und funktionieren zu können. *Der emotionale Persönlichkeitsanteil (EP) wird als Träger der erlittenen Traumatisierung(en) verstanden.* Dieser wird als nur ungenügend an die Gegenwart gebunden beschrieben und repräsentiert Fragmente der erlittenen Traumata. *Dies zeigt sich als Intrusionen der EPs in den ANPs. Bei den intrusiven Symptomen wird zwischen Positiv- und Negativsymptomen unterschieden.*

- *Positivsymptome:* z. B. Flashbacks, Albträume, Angst, Verzweiflung, unerklärliche körperliche Schmerzen
- *Negativsymptome:* z. B. Amnesie, Betäubungsgefühl, Schmerzunempfindlichkeit, Erstarren

Die Stärke und der Schweregrad der Persönlichkeitsfragementierung bewegt sich nach Van der Hart, Nijenhuis und Steele (2006) auf einem Kontinuum der Dissoziation und ist vom Lebensalter sowie der Schwere und der Dauer des Traumas abhängig.

Primäre strukturelle Dissoziation: Die primäre strukturelle Dissoziation ist gemeint, wenn sich die das Selbst *durch ein meist einmaliges lebensbedrohlich empfundenes Ereignis* in *einen ANP und einen EP* aufteilt. Sie wird mit der einfachen posttraumatischen Belastungsstörung in Verbindung gebracht.

Sekundäre strukturelle Dissoziation: Die sekundäre strukturelle Dissoziation ist in der Regel die *Folge von längerdauernden oder wiederholten Traumatisierungen*. Die Persönlichkeit wird hier in *einen ANP und mehrere EPs* fragmentiert. Van der Hart, Nijenhuis und Steele (2006) ordnen die komplexe posttraumatische Belastungsstörung, die partielle dissoziative Identitätsstörung (ICD-11 6B65; ICD-10 F44.9 dissoziative Störung, nicht näher bezeichnet), und die Borderline-Persönlichkeitsstörung dieser sekundären Ausprägung zu.

Tertiäre strukturelle Dissoziation: Bei der tertiären strukturellen Dissoziation handelt es sich um eine Fragmentierung der Persönlichkeit in mehrere ANPs und mehrere EPs. Dies entspricht der stärksten Dissoziationsstufe und tritt fast ausnahmslos nach frühkindlicher, langjähriger Traumatisierung durch enge Bindungspersonen auf. Diese Form der Dissoziation wird mit der dissoziativen Identitätsstörung in Verbindung gebracht. Eine ausführliche Analyse und Diskussion beider Modelle (Van der Kolk & Fisler, 1995; vs. Van der Hart et al., 2006) findet sich bein Van der Hart (2021).

3.3   4-D-Modell nach Lanius und Frewen (2015)

Trotz des breiten Spektrums an dissoziativen Phänomenen, zeigen sich in klinischen Beobachtungen und theoretischen Konstrukten auch Gemeinsamkeiten. *Putnam beschreibt dies 1996 sehr einfach in folgender Regel: Je schwerer das Trauma, desto größer ist die Wahrscheinlichkeit, dass ein Individuum in einen veränderten Bewusstseinszustand versetzt wird.* Die Theorie von Lanius und Frewen (2015) basiert auf Annahmen aus der Bewusstseinsforschung. Es werden *vier Determinanten des Bewusstseins angenommen: Zeit, Denken, Körper und Emotionen des Bewusstseins* (Thompson & Zahavi, 2007; siehe Abb. 3.1).

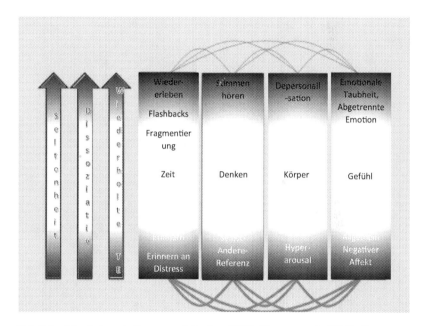

Abb. 3.1 Adaptiert nach Frewen und Lanius (2015; Frewen et al., 2019). Zusammenfassung des 4-D-Modells, das die Symptome der traumabedingten Psychopathologie nach zwei Ausprägungen einteilt: 1) solche, die im normalen Wachbewusstsein auftreten, und 2) solche, die dissoziativ sind und mit traumabezogenen veränderten Bewusstseinszuständen (TRASC, trauma-related altered states of consciousness) einhergehen. Diese zeigen sich auf vier Dimensionen: 1) Zeit; 2) Denken; 3) Körper; und 4) Gefühle. Der untere dunkle Teil der Kästchen steht für nicht-dissoziative Prozesse und normales Wachbewusstsein, während der helleTeil der Kästchen für dissoziative Prozesse und TRASC steht. Der erste Pfeil (Seltenheit) zeigt an, dass die Erfahrung von TRASC vermutlich weniger häufig vorkommt als normales Wachbewusstsein, da der Zustand des normalen Wachbewusstseins definitionsgemäß der häufigste phänomenologische Zustand des Menschen ist. Es ist zu beachten, dass die vier Dimensionen des Bewusstseins sich nicht gegenseitig ausschließen, sondern sich auf dieselben Phänomene beziehen können, die aus verschiedenen Perspektiven betrachtet werden (z. B., Depersonalisation kann sich sowohl in der Dimension Körper als auch in der Dimension Gefühle manifestieren)

Diese vier Determinanten wurden von Lanius und Kollegen aufgegriffen, um Dissoziation besser theoretisch, neurobiologisch und klinisch zu erfassen. In einer graphischen Zusammenfassung des 4-D-Modells werden die Symptome der *traumabedingten Psychopathologie nach 2 Ausprägungen* eingeteilt: 1) solche, die im normalen Wachbewusstsein auftreten, und 2) solche, die dissoziativ sind und mit traumabezogenen veränderten Bewusstseinszuständen einher gehen. Die 2 Ausprägungen lassen sich auf 4 Dimensionen darstellen (Frewen & Lanius, 2015).

Traumata und Dissoziative Störung

Unabhängig von der theoretischen Ausrichtung ist das Trauma seit langem als der häufigste Vorläufer von dissoziativen Symptomen anerkannt. Das Traumamodell der Dissoziation geht davon aus,

- dass Dissoziation eine psychobiologische Reaktion auf Bedrohung oder Gefahr ist,
- die es einem Organismus ermöglicht automatisiertes Verhalten zu zeigen,
- dass die Analgesie, die Depersonalisierung und die Entfernung von traumatischen und überfordernden Erlebnissen der Bewältigung im Sinne von Überleben dienlich ist.

Dies wird während (peri-) und nach (post-) dem Ereignis wirksam (Dalenberg et al., 2012). Dementsprechend ermöglicht die Dissoziation psychische Flucht, wenn eine physische Flucht nicht möglich ist (Putnam, 1997). Dissoziative Symptome treten allerdings nicht nur infolge von traumatischen Ereignissen auf, sondern entwickeln sich auch auf der Basis einer gestörten Entwicklung von Bindungsbeziehungen (Dutra et al., 2009; Liotti, 2006, 2004; Schore, 2002, 2011).

4.1 Dissoziation und Trauma: der dissoziative Subtyp der posttraumatischen Belastungsstörung

Nach Ruth Lanius (Lanius et al., 2010) sind dissoziative Erfahrungen, die veränderte Bewusstseinszustände beinhalten, eine Reaktion auf traumatische Erlebnisse oder Lebensphasen, wobei ein reduzierter Bewusstseinszustand die Bewältigung und das Überleben während und nach einem traumatischen Ereignis erleichtern kann. Latente klassen- und konfirmatorische Faktorenanalysen ergaben, dass etwa 15–30 % der Personen mit PTBS auch Symptome der Depersonalisation und Derealisation aufweisen (z. B. Armour et al., 2014; Frewen et al., 2015; Lanius et al., 2010, 2012; Putnam et al., 1996; Spiegel et al., 2013; Steuwe et al., 2012; Wolf et al., 2012). Der Nachweis, dass eine Untergruppe von etwa 15–30 % der Patienten mit PTBS auch Symptome der Depersonalisation und Derealisation aufweist, führte zu einer Einführung eines dissoziativen Subtyps der PTBS (PTBS-DS) in das Handbuch für Diagnostic and Statistical Manual of Mental Disorders (DSM-V rtewa) und in die ICD-11. Die Existenz eines dissoziativen Subtyps der PTBS, *die PTBS-DS,* konnte in den letzten Jahren immer wieder empirisch unterstützt werden. Schon 2010 schlugen Lanius und andere ein neurobiologisches Modell der PTBS-DS vor, bei der die PTBS-DS in erster Linie durch Symptome der Derealisation, Depersonalisation und tonisches Hypoarousal charakterisiert ist, die im Gegensatz zu den typischen Symptomen des Wiedererlebens und des Hyperarousals stehen, die bei den meisten Mehrheit der PTBS-Patienten auftreten (siehe Modell Schauer & Elbert, 2010).

Dissoziation und psychische Erkrankungen

5

Dissoziative Symptome treten allerdings nicht nur bei der PTBS, sondern bei einer Vielzahl von neuropsychiatrischen und psychischen Erkrankungen auf, zum Beispiel auch bei psychotischen Erkrankungen, Angststörungen und Affektiven Störungen. Transdiagnostisch über verschiedene Diagnosen hinweg wird das Vorhandensein von dissoziativen Symptomen mit einer größeren Krankheitslast und schlechteren Behandlungsergebnissen in Verbindung gebracht.

Eine *dissoziative Symptomatik kann also auch bei klinischen Syndromen auftreten, die weniger häufig mit einem Trauma in Verbindung gebracht werden,* darunter bei Depression (Bob et al., 2008; Molina-Serrano et al., 2008; Mula et al., 2007; Sar et al., 2013), Angststörungen (Ball et al., 1997; Marquez et al., 2001; Mula et al., 2007; Sierra et al., 2012), Zwangsstörungen (Belli, 2014; Belli et al., 2012; Rufer et al., 2006a; Semiz et al., 2014; Watson et al., 2004), bipolare Störungen (Hariri et al., 2015; Mula et al., 2009; Oedegaard et al., 2008), Alkohol- und Drogenmissbrauch und -abhängigkeit (Evren et al., 2011, 2008, 2007; Tamar-Gurol et al., 2008) und Schizophrenie (Haugen & Castillo, 1999; Holowka et al., 2003; Sar et al., 2010; Spitzer et al., 1997; Semiz et al., 2014; Yu et al., 2010).

Das erhöhte Vorkommen von dissoziativen Symptomen bei vielen neuropsychiatrischen Erkrankungen lässt auf eine Häufung von Traumaexposition im Rahmen von psychiatrischen Störungen schließen und lässt *Dissoziation als transdiagnostisches psychiatrisches Symptom* erscheinen.

Dissoziation und neuropsychologische Funktionen 6

Die Neuropsychologie der dissoziativen Störungen ist ein bislang recht unbeachtetes Gebiet, welches jedoch nicht unbeforscht ist. So gibt es Hinweise für regelhafte Zusammenhänge von dissoziativer Ausprägung und kognitivem Funktionslevel.

Die meisten Befunde weisen auf *einen negativen Zusammenhang zwischen dissoziativer Symptomatik neuropsychologischen Funktionen bei sowohl Gesunden als auch psychiatrisch Erkrankten hin. Der Zusammenhang ist also in der Regel invers: Je höher die dissoziative Symptomatik, desto geringer die Performanz in der Prüfung kognitiver Funktionen* (Amrhein et al., 2008; Brewin et al., 2013; Bruce et al., 2007; Giesbrecht et al., 2004; Olsen & Beck, 2012). In der Literatur finden sich jedoch auch Berichte von positiven Zusammenhängen (Cloitre et al., 1996; De Ruiter et al., 2004; Elzinga et al., 2007, 2000; Veltman et al., 2005). Darüber hinaus gibt es Belege für den Zusammenhang zwischen neuropsychologischer Dysfunktion und und dissoziativer Symptomatik über die rein kognitiven Bereiche hinaus in dem Bereich der sozialen Kognition, wo ein höheres Maß an Dissoziation mit schlechteren Leistungen in den Bereichen Prosodie (Nazarov et al., 2015), Theory of Mind (Nazarov et al., 2014) und der Erkennung von Emotionen (Renard et al., 2012) einher geht.

> **Exkurs: Dissoziation und Aufmerksamkeitsfunktionen**
> Obwohl die Dissoziation als eine *Störung der Aufmerksamkeitsallokation* verstanden werden könnte, ist es wichtig, die Dissoziation als ein orthogonales Konstrukt zur Aufmerksamkeit zu betrachten. Wenn dissoziative Prozesse und kognitive Operationen um gemeinsame Verarbeitungsressourcen und die ihnen zugrunde liegenden neuronalen Netze konkurrieren,

kann es zu einer Störung in kognitiven Bereichen kommen. Die exakten Prozesse des Zusammenhangs müssen jedoch noch erfasst werden (siehe Lanius et al., 2012; Bryant, 2007 für eine Diskussion). Trotz des Wissens um einen klaren Zusammenhang zwischen dissoziativer Symptomatik und kognitiven Funktionen sind die neurobiologischen Mechanismen, die diesem Zusammenhang zugrunde liegen, noch nicht identifiziert.

6.1 Wechselwirkung von dissoziativen Symptomen, kognitiven Dysfunktionen und psychischen Symptomen

Es kann davon ausgegangen werden, dass dissoziative Symptome mit Leistungseinbußen bei der Messung von Aufmerksamkeit, exekutiven Funktionen, Gedächtnis und sozialer Kognition einhergehen und möglicherweise zu den weit verbreiteten kognitiven Funktionsstörungen beitragen, die bei verschiednenen psychiatrischen Erkrankungen beobachtet werden. Lanius und Kollegen zeigten den *Zusammenhang zwischen dissoziativen Symptomen und kognitiven Dysfunktionen bei neuropsychiatrischen Erkrankungen* auf. Angesichts der Tatsache, dass Dissoziation mit einer gestörten Integration von Bewusstsein, Gedächtnis und Verhalten einhergeht und Symptomcluster wie Gedächtnisstörung und Disengagement umfasst, folgt daraus, dass Personen, die dissoziative Symptome aufzeigen, auch Störungen der kognitiven Funktionen aufweisen, wie z. B. in den Bereichen Gedächtnis, Aufmerksamkeit und exekutive Funktionen. In ihrer Zusammenschau zeigen sie kognitive Dysfunktionen bei psychiatrischen Störungen auf, die mit dissoziativen Symptomen einhergehen, einschließlich Schizophrenie (Millan et al., 2012; Wykes et al., 2011), Depression (Marazziti et al., 2010; Millan et al., 2012; Rock et al., 2013), bipolarer Störung (Lee et al., 2014; Millan et al., 2012), Zwangsstörungen (Shin et al., 2014) und PTBS (Aupperle et al., 2012; Millan et al., 2012; Polak et al., 2012; Scott et al., 2014).

Es ist davon auszugehen, dass kognitive Dysfunktionen zur Entwicklung und Aufrechterhaltung dieser psychischen Störungen beitragen. Kognitive Dysfunktionen zeigen auch einen Zusammenhang zur Behandlungseffektivität: beispielsweise exekutive Dysfunktionen wirken sich negativ auf die Wirkung von pharmakologischen und nicht-pharmakologischen Behandlungen psychiatrischer Störungen aus (Dunkin et al., 2000; Polak et al., 2012; Wild & Gur, 2008 vs. Walter et al., 2010).

Auch die Fähigkeit, sich auf eine Behandlung einzulassen und diese erfolgreich abzu-schließen, hängt stark von kognitiven Prozessen höherer Ordnung ab (Monitoring, prospektives Gedächtnis, Flexibilität, Arbeitsgedächtnis, Belohnungsaufschub etc.). Betrachtet man die wichtigsten Behandlungskonzepte von affektiven Störungen, PTBS, Angststörungen und aber auch der Borderline-Persönlichkeitsstörung, wie die Kognitive Verhaltenstherapie, Dialektisch-Behaviorale Therapie, Expositionstherapie, Schematherapie, stützen sich diese stark auf kognitive Verarbeitungsressourcen (wie z. B. auf Arbeitsgedächtnis, Aufmerksamkeit, exekutive Funktionen).

6.2 Dissoziative Neigung und kognitive Funktionen bei Gesunden

Dissoziative Tendenzen sind jedoch nicht nur auf psychiatrische Störungen beschränkt, sondern sind auch in geringerer Ausprägung in der Allgemeinbevölkerung zu finden (Kihlstrom et al., 1994; Ross et al., 1991). Es liegen zahlreiche Belege für den Zusammenhang zwischen dem Vorhandensein von dissoziativen Erfahrungen und einer Verschlechterung der neuropsychologischen Funktionsfähigkeit vor. Bei klinisch nicht diagnostizierten Personen mit dissoziativer Neigung wurden dissoziative Symptome mit Störungen der Aufmerksamkeit, Exekutivfunktionen und den Gedächtnisleistungen in Verbindung gebracht (Amrhein et al., 2008; Bergouignan et al., 2014; Brewin et al., 2013; Bruce et al., 2007; Freyd et al., 1998; Olsen & Beck, 2012). Sowohl chronische Dissoziation als auch die zustandsbezogene Dissoziation wurden mit Leistungseinbußen bei Aufmerksamkeit, exekutiven Funktionen und Gedächtnis zusammengebracht (Amrhein et al., 2008; Brewin et al., 2013; Bruce et al., 2007; Giesbrecht et al., 2004; Olsen & Beck, 2012). Bei gesunden Personen mit höherer dissoziativer Neigung zeigte sich eine Verschlechterung der objektivierten Exekutivfunktionen (Amrhein et al., 2008; Freyd et al., 1998; Giesbrecht et al., 2004) und der subjektiven Einschätzung exekutiver Funktionen (Bruce et al., 2007), der geteilten Aufmerksamkeit (Olsen & Beck, 2012), des verbales Gedächtnis (Amrhein et al., 2008; Devilly et al., 2007; siehe jedoch Giesbrecht & Merckelbach, 2009), des episodisches Gedächtnisses (Olsen & Beck, 2012) und des Arbeitsgedächtnisses (Amrhein et al., 2008). Die Art des Zusammenhangs zwischen Dissoziation und kognitiver Dysfunktion ist jedoch nach wie vor unzureichend geklärt, ein Erklärungsversuch liegt von Scalabrini, Northoff und Kollegen vor (Scalabrini et al., 2020-> siehe auch Abschn. 8.5).

Exkurs: Besonderheiten des episodischen Gedächtnisses im Rahmen dissoziativer Störungen

Die Kodierung von Erlebnissen im Langzeitgedächtnis erfordert auch ein „Gefühl des körperlichen Selbst", womit gemeint ist, dass Ereignisse aus der Perspektive des eigenen Körpers, aus der „innerkörperlichen Perspektive", erlebt und enkodiert werden (Bergouignan et al., 2014). Dementsprechend können dissoziative „außerkörperliche" Erfahrungen die Kodierung und Integration von Details in das episodische Gedächtnis stören. Bergouignan et al., (2014) zeigten, dass bei gesunden Personen die experimentelle Induktion von außerkörperlichen und innerkörperlichen Erfahrungen einen Effekt auf das Langzeitgedächtnis für soziale Interaktionen hatte. Eine Woche später zeigten die Teilnehmer nach einer außerkörperlichen Enkodierung signifikant weniger episodische Erinnerungen als nach innerkörperlicher Enkodierung von Erfahrungen, einschließlich einer geringeren räumlichen und zeitlichen Erinnerung. Bei einer anderen Stichprobe berichteten dieselben Autoren über kontrastierende Aktivierungsmuster im linken hinteren Hippocampus, mit unterschiedlicher Aktivierung bei der Erinnerung an außerkörperliche Ereignisse im Vergleich zu innerkörperlichen Ereignissen: bei innerkörperlichen Ereignissen zeigte sich eine starke Aktivierung des linken hinteren Hippocampus während der ersten Erinnerungsdurchgänge mit einer progredienten Aktivierungsabnahme bei weiteren Erinnerungsabfragen. Im Gegensatz dazu war bei außerkörperlichen Ereignissen eine geringere initiale Aktivierung des linken posterioren Hippocampus zu verzeichnen mit einem zunehmenden Anstieg der Aktivierung bei weiteren Erinnerungsabfragen. Bei außerkörperlicher Enkodierung zeigt sich also in einer gedächtnisrelevanten Struktur ein veränderter und verlangsamter Aktivierungsprozess.

Diese Ergebnisse lassen auf die Wichtigkeit der sensorischen Integration aus einer verkörperten Perspektive schließen. Eine Beobachterperspektive wie bei der Depersonalisation stört die Kodierung und den Abruf von episodischen oder autobiografischen Erinnerungen. Diese Ergebnisse stehen im Einklang mit klinischen Belegen für ein gestörtes episodisches und autobiografisches Gedächtnis bei Personen mit ausgeprägter pathologischer Dissoziationssymptomatik (z. B. Chae et al., 2011; Roca et al., 2006).

Es werden jedoch nicht nur neuropsychologische Defizite im Zusammenhang mit dissoziativer Merkmalsausprägung berichtet, eine kleinere Anzahl von

Studien berichtet im Gegenteil, dass dissoziative Merkmale bei gesunden Personen mit Steigerungen der neuropsychologischen Funktionen einhergehen können. Zum Beispiel wurden in zwei Studien einer Forschergruppe gezeigt, dass Personen, die eine höhere Dissoziationsneigung aufwiesen, bei Messungen der verbalen Arbeitsgedächtnisspanne und bei einer n-back-Aufgabe besser abschnitten als Personen mit geringer Dissoziationsneigung (DeRuiter et al., 2004; Veltman et al., 2005). Die Autoren dieser Studien vermuten, dass dissoziative Tendenzen zu einem Informationsverarbeitungsstil führen können, der zu dieser verbesserten Leistung beiträgt. In ähnlicher Weise beschrieben DePrince und Freyd (2004, 2001, 1999) eine Aufgabe zum direktivem/gerichteten Vergessen, bei der die Teilnehmer angewiesen wurden, sich einige Wörter zu merken und andere zu vergessen. Personen mit einem höheren Dissoziationsgrad erinnerten sich an weniger traumabezogene, aber an mehr neutrale Wörter, wenn sie sich an alle präsentierten Wörter erinnern sollten, unabhängig, ob sie angewiesen worden waren, diese zu vergessen oder zu erinnern. Ferner berichteten DePrince und Freyd in ihrer Studie von 1999, dass Personen mit hoher Dissoziationsneigung größere Interferenzen in einer selektiven Aufmerksamkeitsbedingung der Stroop-Aufgabe aufwiesen als Personen mit niedriger Dissoziationsneigung, während das umgekehrte Muster für die Bedingung der geteilten Aufmerksamkeit der Stroop-Aufgabe galt. Diese Ergebnisse wurden jedoch in nachfolgenden Studien nicht repliziert (Devilly et al., 2007; Giesbrecht und Merckelbach, 2009).

In einer von Brewin und Mitarbeitern durchgeführten Studie zur Untersuchung der zustandsbasierten Dissoziation bei gesunden Kontrollpersonen, bei der die Dissoziation durch ein experimentelles *Spiegelblickprotokoll (siehe nächste Textbox)* ausgelöst wurde, waren höhere Dissoziationsneigungen mit einem geminderten Arbeitsgedächtnismaß und einem größeren Abrufdefizit von Geschichten (Langzeitgedächtnis) sowie einem schlechteren visuellen Gedächtnis (Rey-Osterrieth-Aufgabe) assoziiert (Brewin & Colson, 2013).

Exkurs: Das Spiegelbildprotokoll zur dissoziativen Provokation

Das Spiegelbildprotokoll beruht auf einer optischen Täuschung, die auftritt, wenn ein Beobachter sein Bild in einem in einem Spiegel in einem schwach beleuchteten Raum reflektiert sieht. Diese Täuschung kann leicht evoziert und nachgeahmt werden, da die Details der Umgebung (insbesondere die Raumbeleuchtung) nicht entscheidend sind. Nach Protokoll (s.a. Brewin & Colson, 2013) wird die dissoziative Provokation in einem ruhigen mit einer 25-W-Glühlampe schwach beleuchteten Raum durchgeführt.

Die Lampe wird hinter dem Beobachter/Teilnehmer auf dem Boden platziert, so dass sie weder direkt noch im Spiegel sichtbar ist. Ein relativ großer Spiegel (0,5 m × 0,5 m) wird in etwa 0,4 m vor dem Beobachter aufgestellt. Die Leuchtdichte des reflektierten Gesichtsbildes im Spiegel betrug im Originalsetting etwa 0,2 cd mÿ2, dieses Niveau ermöglicht die detaillierte Wahrnehmung auch der Gesichtszüge, schwächte aber die Farbwahrnehmung ab. Die Illusion tritt auch bei höheren Beleuchtungsstärken des Gesichts des Beobachters auf (von 0,2 bis 1,6 cd mÿ2). Die Aufgabe des Beobachters besteht darin, das eigene reflektierte Gesicht im Spiegel zu betrachten. Normalerweise beginnt der Beobachter nach weniger als einer Minute eine Fremdgesichtstäuschung wahrzunehmen. Am Ende einer 10-minütigen Sitzung mit Spiegel werden der Teilnehmer gebeten, aufzuschreiben, was er oder sie im Spiegel gesehen haben. Die Beschreibungen waren in den Studien von Person zu Person sehr unterschiedlich und umfassten: a) große Verformungen des des eigenen Gesichts; b) das Gesicht der Eltern mit veränderten Zügen,; c) eine unbekannte Person; d) ein archetypisches Gesicht, wie das einer alten Frau, eines Kindes oder das Porträt eines Vorfahren; e) ein Tiergesicht wie das einer Katze, eines Schweins oder eines Löwen; f) phantastische und monströse Wesen. Ein möglicherweise damit zusammenhängendes Phänomen der „multiplen Gesichter" wurde berichtet für Fotos von Gesichtern, die in der Peripherie platziert wurden (DeBustamente Simas, 2000). In diesem Fall umfassen die berichteten Deformationen der Gesichtszüge Variationen der Gesichtszüge und des Gesichtsausdrucks oder das Auftauchen neuer Merkmale, wie Zähne oder einem Bart sowie völlig neue Gesichter, 3-D-Verzerrungen, Drehungen, auf den Kopf gestellte Gesichter, das eigene Gesicht, manchmal jünger oder älter. Offensichtlich gibt es Ähnlichkeiten in den Effekten bei peripher betrachteten Fotos und zentraler Selbstreflexionen bei schwachem Licht. Bei zentraler Betrachtung ist die Wahrnehmung des Gesichts jedoch genauer, wodurch die Verzerrung deutlicher hervortritt, und da die Verzerrungen das eigene Gesicht betreffen, werden die Effekte verstärkt und sind nicht mehr nur faszinierend, sondern oft beunruhigend.

6.3 Traumafolgen, Dissoziation und neuropsychologische Funktionen

Der Zusammenhang zwischen Dissoziation und kognitiver Leistung wurde auch in Studien mit Patienten mit traumabedingten Störungen nachgewiesen. Hier wurde eine pathologische Dissoziation mit neurokognitiven Beeinträchtigungen bei verschiedenen Erkrankungen in Verbindung gebracht. In einer Studie bei Erwachsenen mit PTBS mit sexuellen Missbrauch in der Kindheit war die verbale und visuelle Gedächtnisleistung negativ mit einem höheren Grad an Dissoziation korreliert (Rivera-Vélez et al., 2014). In ähnlicher Weise war bei Kindern mit PTBS aufgrund von Missbrauch oder Vernachlässigung ein höheres Maß an Dissoziation mit einer schlechteren Leistung bei Messungen der Aufmerksamkeit assoziiert (De Bellis et al., 2013). In einer Multicenterstudie bei Kindern zeigte sich, dass dissoziative Symptome als auch Intensität der Traumaexposition einen eindeutigen Anteil der Varianz in einem Modell zur Vorhersage der Exekutivleistung aufklärt, weitere Faktoren waren Angst, sozioökonomischer Status und mögliche traumatische Hirnverletzungen (DePrince et al., 2009). Außerdem wurde bei einer Stichprobe von Pflegekindern festgestellt, dass ein höheres Maß an Dissoziation mit einer schlechteren Leistung der Reaktionshemmung und der auditiven Aufmerksamkeit zusammenhängt (Cromer et al., 2006). Darüber hinaus berichteten Chae et al. (2011), dass vor allem bei bei den traumatisierten Kindern, die auch dissoziative Symptome zeigten, eine verminderte Genauigkeit bei einer Befragung zur Erinnerung an die eigene Spielaktivität, die drei Tage zuvor stattgefunden hatte, einher ging. Eine andere Studie zeigte, dass das Vorhandensein dissoziativer Symptome unmittelbar nach dem Bekanntwerden von sexuellem Missbrauch bei Kindern eine spätere Aufmerksamkeitsstörung, vorhersagen kann, wenn diese ca. 8 bis 36 Monate später erfasst wird. Die PTBS-Symptome stehen dabei nur in einem indirekten Zusammenhang mit der Aufmerksamkeitsstörung, d.h. diese wird vielmehr durch die Dissoziation vermittelt (Kaplow et al., 2008). Diese Ergebnisse sind von besonderer Bedeutung, da Dissoziation als eine psychobiologische Reaktion auf Bedrohung und Gefahr verstanden wird, die sowohl bei Kindern als auch bei Erwachsenen auftritt (Dalenberg et al., 2012). Kognitive Funktionsstörungen in Zusammenhang mit dissoziativen Symptomen, die aus frühen traumatischen Erlebnissen entstanden sind, wirken sich auch lange nach den schädigenden Lebensereignissen weiterhin schädlich im Leben der betroffenen Personen über wichtige Entwicklungsphasen hinweg bis weit ins Erwachsenenalter hinein aus (Rivera-Vélez et al., 2014).

Im Gegensatz dazu wurden in einer Studie zur Untersuchung neuropsychologischer Dysfunktionen nach einem kürzlich erlittenen Trauma und peritraumatischer Dissoziation (Dissoziation, die während des Ereignisses auftrat) keine Leistungseinbußen bei Aufgaben zum visuell-räumlichen Gedächtnis und zur Aufmerksamkeit bei Personen, die ein hohes Maß an PTBS-Symptomen zeigten, nachgewiesen (Brandes et al., 2002). Bemerkenswert ist auch, dass die kognitiven Beeinträchtigungen nicht mehr signifikant waren, wenn für depressive Symptome kontrolliert wurde. Dies ist ein Ergebnis, das möglicherweise auf eine hohe Kollinearität (d. h. Symptomüberschneidung) zwischen depressiven und PTBS-Symptomen zurückgeführt werden kann. Bei traumatisierten Militärangehörigen zeigte sich ebenfalls, dass Dissoziation und traumatischer Stress in der Vorgeschichte eine geringere Leistung bei einer visuellen Gedächtnisaufgabe voraussagten (Morgan et al., 2006). Auch bei Veteranen mit PTBS zeigten diejenigen mit einer komorbiden dissoziativen Störung größere Defizite bei der Messung von Aufmerksamkeit, autobiografischem Gedächtnis und verbalem Gedächtnis als diejenigen mit PTBS allein (Roca et al., 2006). Vor allem zeigte sich auch, dass interpersonelle Gewalt (interpersonal violence, IPV) zu schweren dissoziativen Symptomen führen kann, ausgeprägtere dissoziative Symptomen gingen mit schlechteren Leistungen in Aufgaben zum logischen Denken (Twamley et al., 2009), und zum expliziten verbalen Gedächtnis für bedrohungsbezogene (nicht traumabezogene) Stimuli einher (Minshew & D'Andrea, 2015).

Dissoziative Symptome wurden außerdem mit neuropsychologischen Dysfunktionen bei anderen traumabezogenen Störungen assoziiert. So wurde beispielsweise bei Personen mit der Borderline-Persönlichkeitsstörung (BPS) eine pathologische Dissoziation in Verbindung gebracht mit Defiziten in der Aufmerksamkeit, dem verbalen Gedächtnis, dem Arbeitsgedächtnis und der Exekutivfunktionen im Vergleich zu gesunden Kontrollpersonen. Bei Personen mit BPS ohne pathologische Dissoziationsneigung zeigten sich ausschließlich Beeinträchtigungen bei der Messung der exekutiven Funktionen (Haaland & Landrø, 2009). Ähnlich wie in gesunden Populationen zeigte sich auch bei Personen mit BPS und eine Induktion der dissoziativen Symptomatik im Labor, induziert durch skriptgesteuerte Bilder einer autobiografischen Erinnerung, eine verminderte hemmende Kontrolle für emotionale Stimuli und eine tendenziell geringeren verbalen Gedächtnisleistung im Vergleich Personen mit BPS, die sich keiner Dissoziationsinduktion unterzogen hatten. Letztere schnitten ähnlich wie gesunde Kontrollpersonen ab (Winter et al., 2015).

Guralnik et al. (2007) fanden heraus, dass ein höheres Maß an dissoziativen Symptomen bei Personen mit Depersonalisationsstörung mit einer verlangsamten Verarbeitungsgeschwindigkeit und erhöhter Ablenkbarkeit einherging. Frühere

Arbeiten dieser Gruppe zeigten auch, dass niedrigere Leistungen bei Messungen der visuell-räumlichen Funktionen und des verbalen Gedächtnisses den Depersonalisationsstatus vorhersagte (Guralnik et al., 2000). Auch eine verringerte kognitive Inhibition und eine langsamere Verarbeitungsgeschwindigkeit bei emotional negativen Kontextreizen wurde berichtet (Dorahy et al., 2006, 2005, 2002). Schließlich haben die Arbeiten von Lanius und Kollegen einen Zusammenhang zwischen Depersonalisation und Derealisation und der kognitiven Leistung bei traumatisierten Personen festgestellt, wobei ein höheres Maß an Dissoziation mit einer schlechteren Leistung bei Aufgaben zur Messung der kognitiven Flexibilität, der Daueraufmerksamkeit und des Kurzzeit- und mittelfristigen Langzeitgedächtnisses einherging (Parlar et al., 2016).

Einige Arbeiten weisen auf das Vorhandensein einer Störung des autobiografischen Gedächtnisses bei Personen mit dissoziativer Identitätsstörung (engl., dissoziative Identity disorder, DID) hin, einer Störung, bei der das Selbst einer Person als fragmentiert oder in verschiedene „Anteile" aufgeteilt erlebt wird. In der Tat ist die Amnesie zwischen den Identitäten ein klinisches Merkmal der DID (Bryant, 1995; Elzinga et al., 2003; Schlumpf et al., 2014; Reinders et al., 2012), doch werden in der Literatur kontroverse Ergebnisse berichtet, wenn dieser Zusammenhang objektiv untersucht wird. In einem Experiment zum gerichteten Vergessen bei DID-Patienten wird gezeigt, dass diese Patienten zum Beispiel in der Lage waren, zwischen verschiedenen Identitätszuständen zu wechseln, sich aber nicht bewusst waren, dass sie zwischen den Zuständen wechseln. Elzinga et al. (2003) berichteten dabei von einem intakten Abruf von Stimuli, die in demselben Identitätszustand abgerufen wurden, der bei der Kodierung vorlag. Sie fanden aber einen beeinträchtigten Abruf auf Hinweisreize hin, wenn sich die Teilnehmer in einem anderen Identitätszustand befanden als bei der Enkodierung.

Umgekehrt wird in anderen Studien von einer Übertragung von Informationen zwischen Identitätszuständen berichtet, sowohl für das explizite verbale Gedächtnis (Huntjens et al., 2007) und für implizite prozedurales Gedächtnisinhalte (Huntjens et al., 2005) als auch für das implizite Wiedererkennen (Huntjens et al., 2012). Bemerkenswert ist, dass zwei der Studien keine Unterschiede in der Übertragung von Gedächtnisinhalten zwischen verschiedenen Identitätszuständen bei DID-Patienten und Kontrollteilnehmern, die eine DID-ähnliche Amnesie simulierten, zeigen konnten. Ein weiteres interessantes Ergebnis ist, dass bei DID ähnlich wie bei der PTBS – und zwar unabhängig vom jeweilig vorliegenden Identitätszustand- eine verminderte Spezifität des autobiografischen Gedächtnisses für emotional geprägte Ereignisse besteht, d.h., ein übergeneralisiertes Gedächtnis, das hauptsächlich aus semantischen Assoziationen besteht sowie erweiterte Erinnerungen d.h, Erinnerungen an längere Zeiträume und nicht an bestimmte Ereignisse und kategorische Erinnerungen, d.h. Erinnerungen, die sich auf eine ganze Klasse von Ereignissen beziehen (Ono et al., 2015, Huntjens et al., 2014, Barlow, 2011).

Neuere Studien haben weitere unterschiedliche Muster der psychobiologischen Reaktion auf traumabezogene Erinnerungen in einem traumanahen Identitätszustand im Vergleich zu einem neutralen Identitätszustand gezeigt. Reinders et al. (2006) berichteten zum Beispiel über eine erhöhte Aktivierung von Gehirnarealen, die an somatosensorischen Prozessen und negativen emotionalen Zuständen beteiligt sind (z. B. Insularkortex), wenn der traumanahe Identitätszustand mit einem traumabezogenen Erinnerungsskript aktiviert wurde. In ähnlicher Weise berichteten Reinders et al. (2014) über unterschiedliche Muster der neuronalen Aktivierung als Reaktion auf traumabezogene skriptgesteuerte Bilder im Vergleich zu neutralen Skripten. In diesem Fall war der neutrale Identitätszustand im Vergleich zum traumanahen Identitätszustand mit einer erhöhten Aktivierung des präfrontalen Kortex und einer stärkeren Aktivierung der posterioren Assoziationsbereiche und der Gyri des Hippocampus als Reaktion auf Trauma-Skripte assoziiert, was auf emotionale Übermodulation hinweist. Im Gegensatz dazu zeigte sich im traumanahen Identitätszustand eine erhöhte Aktivierung der Amygdala und der Insula als Reaktion und eine stärkere Aktivierung des dorsalen Striatums auf Trauma-Skripte im Vergleich zum neutralen Identitätszustand (emotionale Untermodulation) (Reinders et al., 2014). Bemerkenswert ist, dass dieses Muster der Gehirnaktivität ähnlich dem Muster von Patienten mit PTBS-DS während der Präsentation von traumabezogenen Skripten ist (Lanius et al., 2010, 2012, 2006).

6.4   Dissoziative Symptomatik und soziale Kognition

Die *soziale Kognition, also die Fähigkeit, Informationen, die wir aus sozialen Interaktionen über andere in Relation zur eigenen Person,* zu nutzen, zu kodieren und zu speichern, (Brothers, 1990; Adolphs, 2001), ist bei einer Vielzahl von psychiatrischen Erkrankungen gestört, darunter bei der Schizophrenie (Savla et al., 2013; Haralanova et al., 2009), bei affektiven Störungen (Cusi et al., 2010, 2013, 2012a, b, 2011; McKinnon et al., 2010), bei der Borderline-Persönlichkeitsstörung (Domes et al., 2009) und bei der PTBS (Nazarov et al., 2014, 2015; Parlar et al., 2014; Steuwe et al., 2015). Entscheidend ist, dass die Veränderungen der sozialen kognitiven Funktionen, die auf kognitiven und affektiven Verarbeitungsressourcen beruhen (McKinnon & Moscovitch, 2007; McKinnon et al., 2007), zu den Beeinträchtigungen der zwischenmenschlichen Beziehungen beitragen, die bei diesen

Erkrankungen auftreten. Neuere Arbeiten deuten darauf hin, dass die dissoziative Symptomausprägung die Defizite in der sozialen Kognition bei PTBS und Schizophrenie moduliert. Nazarov und Kollegen zeigten 2014, dass Frauen mit PTBS nach Missbrauch in der Kindheit Beeinträchtigungen in einer Theory of Mind (ToM)-Aufgabe aufweisen. Diese Aufgabe misst a) die Fähigkeit zur richtigen Zuordnung von Verwandtschaftsbeziehungen (z. B. wer ist der Elternteil und wer ist das Kind) und darüber hinaus b) die Fähigkeit der Perspektivübernahme anderer sowie c) das Verständnis von Emotionen, Absichten und Verhalten anderer. Entscheidend ist, dass der Grad der Beeinträchtigung des ToM in dieser Stichprobe auch in Zusammenhang steht mit der Schwere der vorhandenen dissoziativen Symptome, einschließlich Gedächtnisstörung und Identitätsdissoziation (Nazarov et al., 2014). In der gleichen Studie wurde eine langsamere Reaktionszeit bei der Aufgabe „Reading the Eyes in the Mind" (Baron-Cohen et al., 2001) gemessen. Es ist eine ToM-Aufgabe, bei der die Teilnehmer aufgefordert werden, komplexe Emotionen, die durch die Augen ausgedrückt werden, zu unterscheiden. Je höher die Dissoziationssymptomatik, einschließlich Disengagement, Gedächtnisstörung und Identitätsdissoziation, desto schlechter war die Fähigkeit der Emotionserkennung (Nazarov et al., 2014). Auch sprachlich übermittelte Emotionserkennung ist mit der Schwere der Dissoziationssymptome und der Schwere des Missbrauchs in der Kindheit negativ korreliert (Nazarov et al., 2015). Diese Ergebnisse stehen im Einklang mit einer Studie bei Personen mit Schizophrenie und schizoaffektiver Störung, bei welchen die dissoziativen Symptome der stärkste Prädiktor für die Leistung bei Emotionserkennung waren, und zwar unabhängig von dem Einfluss positiver und negativer Symptome der Schizophrenie, kognitiver Symptome, PTBS-Symptomen und der Auswirkung der sozialen Erwünschtheit (Renard et al., 2012).

Offenbar variieren soziale Funktionen nicht nur mit der generellen dissoziativen Ausprägung, sondern auch mit dem situativen dissoziativen Zustand, so variiert bei Aufgaben zu sozial komplexen Szenarien die Performanz mit der situativen dissoziativen Symptomatik. Frewen und Lanius (2015) beschreiben einen männlichen Patienten mit ausgeprägten dissoziativen Symptomen nach sexueller, physischer und emotionaler Traumatisierung. Er reagierte bei komplexen moralischen Entscheidungsaufgaben wöchentlich unterschiedlich. Außerdem berichtete er bei einer Aufgabe, bei der er ein soziales Szenario interpretieren sollte, eine Amnesie für seine Antwort aus der Vorwoche zu haben. Dies könnte auch mit einer sogenannten Inter-Identitätsamnesie oder mit zustandsabhängigem Erinnern erklärt werden (siehe auch Fallbeschreibung Hennig-Fast et al., 2008).

6.5   Dissoziative Symptomatik und Suizidalität

Dissoziative Symptome sind mit erhöhten Raten von Suizidgedanken, Selbstverletzungen und mit mehrfachen Suizidversuchen in der Biographie verbunden, wobei mehrfache Suizidversuche signifikant mit dem dissoziativen Status assoziiert sind, selbst dann, wenn für die Diagnosen PTBS und BPS kontrolliert wird (Foote et al., 2008). Eine höhere Ausprägung der Suizidalität (z. B. ein erhöhtes Risiko für 12-Monats-Suizidalität) ist mit einem früheren Krankheitsbeginn (geringeres Lebensalter) und schlechteren kognitiven Funktionen assoziiert (Stein et al., 2013).

Dissoziative Symptomatik: Neurobiologie, Stressreaktion und Funktion des Immunsystems

7

7.1 Dissoziative Symptomatik und Stressmarker

Neurobiologische Studien zu PTBS-DS (PTBS mit dissoziativer Symptomatik) unterstreichen die Beobachtung, dass dissoziative Depersonalisation und Derealisation unterscheidbare Reaktionsmuster von Wiedererleben und Hyperarousal im Vergleich zu Personen mit einfacher PTBS ohne dissoziative Symptomatik darstellen (Lanius et al., 2010, 2012, 2006; Nicholson et al., 2015).

Es wird im Allgemeinen bei der PTBS angenommen, dass Wiedererleben oder das Hyperarousal durch ein Versagen der präfrontalen Hemmung oder der Top-Down-Kontrolle limbischer Regionen entsteht, während dissoziative Depersonalisations- und Derealisationsreaktionen im Gegenteil durch eine verstärkte präfrontale Hemmung limbischer Regionen vermittelt werden. Diese Ergebnisse spiegeln sich auch in der unterschiedlichen Reaktivität der Hypothalamus-Hypophysen-Nebennieren-Achse (HHN-Achse) bei Personen mit PTBS wider.

> **Exkurs zur HHN-Achse**
> Die Hypothalamus-Hypophysen-Nebennierenrinden-Achse (HHN-Achse), auch HPA-Achse genannt (engl. HPA axis für hypothalamic–pituitary–adrenal axis), wird auch kurz einfach als Stressachse bezeichnet. Anhand der Achse kann die komplexe Abfolge von direkten Einflüssen und Feedback-Schleifen zwischen drei Hormondrüsen dargestellt werden. Diese Drüsen sind

© Der/die Autor(en), exklusiv lizenziert an Springer-Verlag GmbH, DE, ein Teil von Springer Nature 2022
K. Hennig-Fast, *Neuropsychologie dissoziativer Störungen*,
essentials, https://doi.org/10.1007/978-3-662-66686-9_7

- Der Hypothalamus,
- Die Hypophyse (einer Erbsen-förmigen Struktur unter dem Hypothalamus)
- die Rinde der Nebennieren (kleine, konische Organe, die auf den Nieren sitzen)

Die *Wechselwirkungen zwischen diesen Einheiten bilden dann die Funktion der HHN-Achse.* Sie ist das regulative Steuerelement jenes Hormonsystems, das Reaktionen auf Stress kontrolliert und viele Prozesse im Körper reguliert, wie Immunsystem, Stimmung, Verdauung, aber auch Sexualität und Energieregulation des Körpers. Es werden Anpassungsreaktionen des Menschen vermittelt.

Ablaufschema der Achse:

- Hypothalamus bildet das Corticotrope Releasing Hormon (CRH)
- CRH wirkt auf die Hypophyse
- Die Hypophyse bildet Adrenocorticotropes Hormon (ACTH)
- ACTH wirkt dann auf Nebennierenrinde
- Die Nebennierenrinde bildet Cortisol

In einer Studie wurden etwa die Hälfte der weiblichen PTBS-Patienten, die einem Trier Social Stress Test (TSST, Kirschbaum et al., 2004) unterzogen wurden, als HHN-Achsen-Non-Responder eingestuft, da sie keinen erwarteten Anstieg des Cortisolspiegels als Reaktion auf den TSST zeigten, wie es apriori angenommen wurde. Diese HPA-Achsen-Non-Responder wiesen zudem signifikant mehr traumabedingte dissoziative Symptome im Vergleich zu PTBS-HHN-Achsen-Respondern auf. Diese Ergebnisse sind der erste empirische Nachweis von Unterschieden in der Reaktivität der HHN-Achse bei Personen mit PTBS in Abhängigkeit von der dissoziativen Symptomatik (Zaba et al., 2015).

Quevedo et al. (2012) zeigten eine Abflachung der Cortisol-Wachreaktion bei vor- oder frühpubertären Jugendlichen, wenn sie früh im Leben in Institutionen (z. B. Waisenhäusern) untergebracht waren. Diese Abflachung der Cortisol-Response zeigte sich nicht mehr, wenn die Jugendlichen in der mittleren bis späten Pubertätsphase getestet wurden. Diese Ergebnisse könnten ein Hinweis sein, dass die Rolle frühkindlicher negativer Erfahrungen und gestörter Bindung bei der Entwicklung dissoziativer Psychopathologie eine Rolle spielt (Carlson et al., 2009), und deuten darauf hin, dass vorpubertäre Veränderungen in der

Funktion der HHN-Achse durch die Pubertät neu „programmiert" werden könnten (Quevedo et al., 2012).

Exkurs: Trierer Stresstest

Auf der Suche nach einem Verfahren, welches die Wirkung von Stress auf die menschliche Psyche und Biophysiologie auch unter experimentellen Laborbedingungen möglichst valide messen kann, entwickelt ein Team an der Universität Trier 1993 (Kirschbaum et al., 1993) ein biopsychologisches Verfahren, mit dem sie bei den meisten der untersuchten Personen psychosozialen Stress provozieren konnten und die Auswirkungen von Stress sehr standardisiert, reliabel und valide messen konnten: der Trier Social Stress Test (TSST, Kirschbaum et al., 1993) Deshalb kommt das Testverfahren heute immer noch zum Einsatz (Metanalyse von Dickerson & Kemeny, 2004). Von dem Verfahren existieren mittlerweile verschiedene Varianten und es wird mit anderen sogenannten Provokationstest oftmals kombiniert eingesetzt.

Anhand der ausgelösten physiologische Stressreaktion, wie z. B. einer erhöhten Aktivität der HHN-Achse wird die Reagibiltiät des Organismus auf psychosozialen Stress gemessen.

Der TSST besteht in der originalen Variante aus einem kurzen simulierten Bewerbungsinterview und einer Kopfrechenaufgabe, die vor 2–3 Personen gelöst werden muss, dabei kann z. B. das soziale Setting, aber auch die Art der Aufgabe variieren. Der TSST prüft somit auch Aspekte der sozialen Bewertung und der Unkontrollierbarkeit der Aufgabenbewältigung.

Auch in anderen Studien konnte bei einem Vergleich von Patienten mit PTBS nach sex. Missbrauch mit und ohne Dissoziation gezeigt werden, dass diejenigen, die Prozesse der Dissoziation zeigten, wie emotionale Taubheit und körperliche Lähmungserscheinungen, bei Konfrontation mit traumatischem Material erhöhte Cortisolspiegel als Stresskorrelat im Speichel aufwiesen (Gola et al., 2012). Vor allem eine veränderte Immunreaktion, einschließlich Entzündungsmarkern, wurde ebenfalls mit PTBS-DS in Verbindung gebracht (Passos et al., 2015). Bei depressiven Patienten sind infolge von Traumatahöhere Werte traumatischer stressbezogener Symptome und somatoformer Dissoziation mit höheren Interleukin-6-Spiegeln in Verbindung gebracht worden (Bob et al., 2010). In ähnlicher Weise wurde bei Personen mit unipolarer Depression der

Tumornekrosefaktor-alpha mit Dissoziation, nicht aber mit depressiven oder posttraumatischen Symptomen assoziiert (Bizik et al., 2011). Außerdem wurden in einer Metaanalyse mehrere entzündliche Biomarker, darunter Interleukin-6, Tumor-Nekrose-Faktor-alpha und c-reaktives Protein, in einer heterogenen psychiatrischen Stichprobe mit Traumaexposition assoziiert (Tursich et al., 2014). Sowohl erhöhtes Cortisol (Brown et al., 2013; Lara et al., 2013) als auch erhöhte Entzündungsmarker (z. B. Bermejo et al., 2008; Guerreiro et al., 2007; Patanella et al., 2010; Peng et al., 2013; Yaffe et al., 2003) sind bei gesunden Populationen und bei Patientenpopulationen mit kognitiver Dysfunktion in Verbindung gebracht worden.

7.2 Dissoziative Symptome und physiologische Messparameter

Peritraumatische Dissoziation ist objektiv über physiologische Parameter wie die Hautleitfähigkeit messbar. Giesbrecht, Merckelbach, terBurg, Cima & Simeon, 2008; Griffin et al., 1997; Dewe et al., 2016). Griffin et al. (1997) zeigten bei Personen nach sex. Missbrauch nach einem Intervall von 16 Tagen nach dem Missbrauch, dass während einer missbrauchsbezogenen Abfrage, diejenigen, die peritraumatisch stärker dissoziiert waren, schwächere physiologische Reaktionen aufwiesen. Ähnlich zeigten Dewe et al. (2016), dass eine Prädisposition zu dissoziativen Symptomen sich in einer niedrigeren Hautleitfähigkeit gegenüber aversiven Reizen ausdrückte.

Da Hypnose mit einer erhöhten State-Dissoziation verbunden ist, könnten Ergebnisse aus Hypnosestudien auch Hinweise für Dissoziationskennzeichen liefern (Cleveland et al., 2015). Weitzenhoffer beschrieb schon 1971, dass während der Hypnose die Augenbewegungen verändert sind, da ein Starren zu beobachten war, was sich durch eine abnehmende Blinzelrate und einen Abfall der sakkadischen Augenbewegungen beschreiben ließ. Eine Studie von Kallio, Hyönä, Revonsuo, Sikka und Nummenmaa (2011) unterstützte diese Beobachtung. Bei einer hypnotisierten Probandin sanken Amplituden, Schnelligkeit und Anzahl an Sakkaden, während die Fixationsdauer stark anstieg. Nicht hypnotisierte Kontrollprobanden konnten diese Augenbewegungen willentlich nicht imitieren. Cardeña, Nordhjem, Marcusson-Clavertz und Holmqvist (2017) hingegen konnten diese Ergebnisse nicht voll replizieren. Sie fanden ausschließlich kleinere Sakkaden während der Hypnose, unabhängig davon, ob die Probanden leicht oder weniger leicht hypnotisierbar waren. Außerdem fanden sie einen marginal signifikanten Zusammenhang zwischen dissoziativen Tendenzen und Sakkaden beim Verfolgen eines Punktes auf einem Bildschirm.

Neurophysiologische Modelle der dissoziativen Symptomatik

8

8.1 Das Modell der Abwehrkaskade

In einem neurophysiologischen Modell von Schauer und Elbert (2010) werden unterschiedliche Erregungszustände mit dissoziativen Symptomen und kognitiven Funktionen verbunden (Schauer & Elbert, 2010; Kozlowska et al., 2015) (siehe Abb. 8.1). Das Modell wird auch als Abwehrkaskadenmodell bezeichnet. Die Autoren gehen davon aus, dass die Kaskade „Erstarren-Flüchten-Kämpfen-Schreckstarre-Ermatten-Ohnmacht" eine kohärente Abfolge von sechs Angstreaktionen ist, die in Abhängigkeit der Funktion zweier Faktoren, des Faktors Verteidigungsmöglichkeiten und des Faktors Nähe zur Gefahr, ablaufen. Die tatsächliche Abfolge der traumabedingten Reaktionsdispositionen in einer extremen Gefahrensituation hängt also von der Einschätzung der Bedrohung durch den Organismus im Verhältnis zu seiner eigenen Handlungsfähigkeit (z. B. auch von Alter und Geschlecht mit bestimmt) sowie von den wahrgenommenen Merkmalen der Bedrohung bzw. des Täters ab. Diese Reaktionsmuster bieten eine optimale Anpassung an bestimmte Stadien der Bedrohung.

Die individuelle Abwehrkaskade, die eine Person während des traumatischen Ereignisses durchlaufen hat, wiederholt sich nach dieser Annahme jedes Mal, wenn das peritraumatisch erworbene Angstnetzwerk erneut aktiviert wird. Wenn eine parasympathisch dominierte „Abschaltung" während des traumatischen Ereignisses die vorherrschende peritraumatische Reaktion war, können vergleichbare dissoziative Symptome die Reaktion auf eine spätere Bedrohung dominieren und auch wieder auftreten, wie z. B. Bradykardie, Hypotonie, kognitive Ausfälle. Umgekehrt, wenn eine Sympathikusarousal die dominante peritraumatische Rekation war, werden damit einhergende Symptome immer wieder kehren, wie z. B. Tachykardie, Hypertonie, gesteigerte Aufmerksamkeit.

© Der/die Autor(en), exklusiv lizenziert an Springer-Verlag GmbH, DE, ein Teil von Springer Nature 2022
K. Hennig-Fast, *Neuropsychologie dissoziativer Störungen*, essentials, https://doi.org/10.1007/978-3-662-66686-9_8

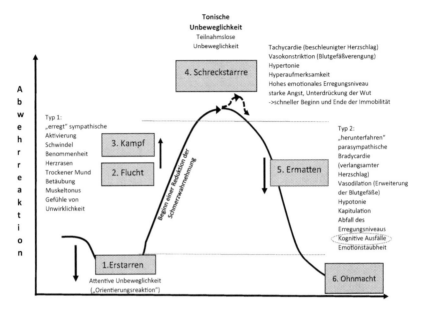

Anstieg der Dissoziation während eines kaskadischen Verlaufs

Abb. 8.1 Schematische Darstellung der Abwehrkaskade nach Schauer und Ehlert (2010) und ihr Verlauf in 6 Aktionsstufen (engl.: 6-F-Course of Action: Freeze Flight, Fight, Fright, Flag, Fain). Das Sympathicus-Arousal („uproar"/Anstieg) erreicht sein Maximum auf der 4. Stufe, ggf. schon überlagert vom Beginn des dissoziativen Herunterfahrens („shut down"/Abschaltung) mit zunehmenden kognitiven Ausfällen

Wiederholte Erfahrungen mit traumatischem Stress lassen demnach ein individuelles Angstnetzwerk erwachsen (siehe Abb. 8.2), welches sich pathologisch von kontextuellen Hinweisen wie Zeit und Ort der Gefahr abkoppeln kann. Intrusionen beispielsweise können daher als wiederholte Darstellung von Fragmenten des Ereignisses verstanden werden, die dann, je nach der vorherrschenden physiologischen Reaktion während der Bedrohung, eine entsprechende Kombination aus Hyperarousal und Dissoziation auslösen.

Schauer und Elbert schlagen vor, dass die Traumabehandlung sich daher zwischen Patienten mit peritraumatischer Sympathikus-Aktivierung gegenüber denen, die die gesamte Abwehrkaskade durchlaufen haben, was zu einer parasympathischen Dominanz während des Traumas und eine entsprechende Wiederholung

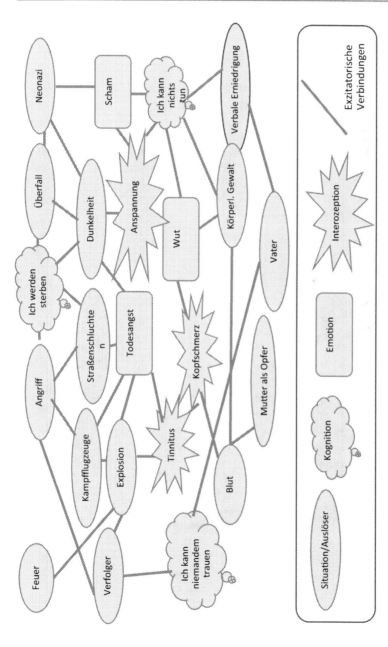

Abb. 8.2 Beispiel des Angstnetzwerks eines Soldaten als Folge von multiplen traumatischen Stressoren. (Adaptiert nach Schauer & Elbert, 2010)

der physiologischen und dissoziativen Reaktionen führt, unterscheidet (siehe Schauer & Elbert, 2010).

8.2 Das Modell der neurobiologische Integrationsstörung

Der neurobiologische Prozess der Dissoziation kann mit der *fehlerhaften Integration* zwischen verschiedenen psychobiologischen Systemen in Verbindung gebracht werden (siehe z. B. Putnam 1997), eine Annahme, welche auch durch Studienergebnisse unterstützt wurde (Frewen & Lanius, 2006; Siegel, 1999; Putnam, 1997). Dieser Mechanismus beruht demnach auf der Annahme einer funktionellen Dissoziation zwischen Gehirnstrukturen.

Exkurs zu Integration
Integration kann als ein allgegenwärtiges Phänomen betrachtet werden, welches auf verschiedenen Ebenen beschreibbar ist (z. B. räumlich-zeitlich, multisensorisch, semantisch, kognitiv). Um die gestörte Integration zwischen Psyche und Gehirn sowie auf der neuronalen Ebene verstehen zu können, muss vorab Integration grundlegend und allgemein betrachtet werden.

Allgemeine Betrachtung der Integration: Die Integration verschiedener Merkmale oder Teile kann zum einen verschiedene psychische Funktionen betreffen, z. B., affektive, sensorische und kognitive Funktionen, einschließlich ihrer jeweiligen Inhalte.

Neurophysiologische Betrachtungsweise der Integration: eine zeitlich-räumlichen Integration, wobei sich Integration auf die verschiedenen neuronalen Signale in verschiedenen neuronale Regionen und Netzwerke sowie deren Verbindung untereinander bezieht. Die räumliche Komponente bezieht sich auf die Beziehungen zwischen verschiedenen Hirnregionen, die durch die so genannte „funktionelle Konnektivität" beschrieben werden, d. h, verschiedene neuronale Netzwerk bilden eine Konnektivität. Die zeitliche Komponente bezieht sich auf die neuronale Synchronisation, die es ermöglicht, neuronale Aktivität verschiedener Hirnregionen über längere Zeitspannen und weit entfernte Regionen/Netzwerke hinweg zu integrieren.

Zusammengenommen bilden beide eine komplexe zeitlich-räumliche Struktur und Dynamik der spontanen Aktivität des Gehirns (z. B. Northoff et al., 2019).

Krause-Utz und Coautoren (2014) zeigen eine systematische Übersicht über neuere Bildgebungsstudien zu Störungen, die durch Dissoziation gekennzeichnet sind, wie Depersonalisationsstörung, dissoziative Identitätsstörung, posttraumatische Belastungsstörung und Borderline-Persönlichkeitsstörung. Aufgrund ihrer Erkenntnisse über die neurobiologischen Grundlagen der Dissoziation betonen sie die Rolle einer veränderten Ko-Aktivität in Hirnregionen (siehe Abb. 8.3), die beteiligt sind an a) Emotionsverarbeitung und Gedächtnis (z. B. Amygdala, Hippocampus, parahippocampaler Gyrus; und mittlerer/superiorer Gyrus temporalis); b) Interozeptionsregulation (Insula); c) selbstreferentiellen Prozessen und d) emotionaler/kognitiver Regulation (PACC, PCC, mPFC).

Lanius und Mitautoren (2010) zeigten, dass bei Personen mit PTBS und Dissoziation eine übermäßige kortikolimbische Hemmung (d. h. emotionale Übermodulation) als Reaktion auf die Exposition traumatischer Inhalte charakteristisch

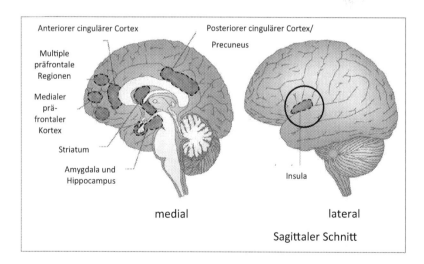

Abb. 8.3 Adaptiert nach Abbildung aus Tang, Hölzel, Posner (2015). *The neuroscience of mindfulness meditation. Nature Reviews Neuroscience, 16(4), 213–225*

ist (das gegenteilige Muster wurde bei Personen mit PTBS ohne Dissoziation gefunden). Hopper et al. (2007) zeigten darüber hinaus, dass die dissoziative Reaktion auf Traumaerinnerungen negativ mit der Aktivierung der rechten anterioren Insula und positiv mit dem medialen präfrontalen Kortex und dem anterioren cingulären Kortex assoziiert sind.

Eine weitere fMRT-Studie, in der aversive und neutrale Bilder präsentiert wurden, konnte zeigen, dass Patienten mit chronischer Depersonalisationsstörung weniger Arousal berichteten und eine verringerte Aktivität im okzipitotemporalen Kortex, im anterioren cingulären Kortex (ACC) und in der Insula im Vergleich zu Patienten mit Zwangsstörungen und gesunden Kontrollpersonen aufwiesen (Philips et al., 2001).

Lemche und Kollegen (2014) fanden, dass eine vreduzierte anteriore Insula-(AI) und die dorsale ACC-Reaktivität auf traurige emotionale Ausdrücke mit der Schwierigkeit verbunden waren, die eigenen Gefühle zu identifizieren und zu beschreiben. Diese Befunde scheinen im Falle einer dissoziativen Verarbeitung mit der Abkopplung und mangelhaften Integration interner und externer Stimuli auf Hirnebene überein zu stimmen. Die internal-externale Integration ist durch die abnorme AI-Aktivität dysfunktional. Der AI scheint eine Schlüsselrolle für die intero-exterozeptive Verarbeitung zuzukommen und für die Verarbeitung von selbstbezogenen Gefühlen und für das Gefühl der Selbstkontinuität relevant zu sein. Die funktionsfähige AI scheint die Voraussetzung für die subjektive Bewertung des eigenen intern-externen Zustands zu sein, d. h. „wie man sich fühlt" (Craig, 2003, 2009, 2010, 2011). Die AI hängt darüber hinaus mit der Regulation des sympathischen und parasympathischen Systems zusammen. Die Beteiligung der Insula an der interozeptiven, selbstreferentiellen und emotionalen Verarbeitung ist nicht nur von ihrer Aufgabenaktivierung abhängig, sondern auch von ihrer breiteren funktionellen Konnektivität zu anderen Netzwerken (Couto et al., 2013). Die Insula ist eine in vielen Studien identifizierte Schlüsselregion, die funktionelle Konnektivität der Insula im Ruhezustand scheint darüber hinaus ein guter Prädiktor (hohe Vorhersagegenauigkeit) für PTBS und ihre dissoziativen Subtypen zu sein (Lanius et al., 2018).

8.3   Neurofunktionelles Modell der Dissoziaton

Das von McKinnon, Lanius, Frewen und Kollegen (2016) vorgestellte neurobiologische Modell der Dissoziation soll zur Erklärung der kognitiven Funktionsstörungen bei Patienten mit dissoziativen Störungen beitragen.

Es wird von der Forschergruppe vorgeschlagen, dass Dissoziation und kognitive Dysfunktion auf Veränderungen der Konnektivität zwischen drei wichtigen konnektiven Netzwerken im Gehirn,

- dem Ruhenetzwerk (engl. Default Mode Network, DMN),
- dem zentralen Exekutivnetzwerk (engl. Central Executive Network, CEN) und
- dem Salienznetzwerk (engl. salience network, SN)

beruhen (siehe Abb. 8.4).

Exkurs zu konnektiven Netzwerken

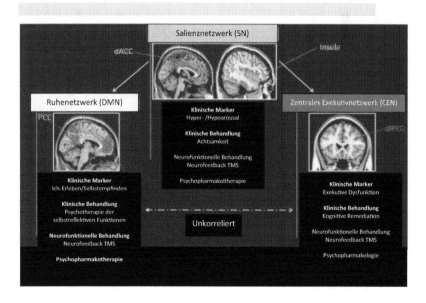

Abb. 8.4 3 Netzwerke adaptiert nach Frewen und Lanius (2015): Kopplung 3 neuronaler Netzwerke sowie ihre Funktion, ihre Ansprechbarkeit über klinisch-psychotherapeutische, neurobiologische und pharmakotherapeutische Interventionen

Konnektive Netzwerke sind Gehirnnetzwerke, die aus Hirnregionen bestehen, die zeitlich und funktionell miteinander verbunden sind. Drei wichtige konnektive Netzwerke wurden bei psychiatrischen Störungen sowie beim Verständnis höherer kognitiver Funktionen als essentiell identifiziert (Menon, 2011). Dazu gehören das *zentrale Exekutivnetzwerk (engl. central executive network, CEN), das Salienznetzwerk (engl. salient network, SN) und das Ruhenetzwerk (engl. default mode network, DMN).*

Das *CEN* besteht aus zwei Hauptknotenpunkten, dem dorsolateralen präfrontalen Kortex (dlPFC) und dem posterioren parietalen Kortex (PPC), und ist an der aktiven Aufrechterhaltung und Verarbeitung von Informationen im Arbeitsgedächtnis und exekutiven Funktionen beteiligt (Habas et al., 2009; Koechlin & Summerfield, 2007; Miller & Cohen, 2001; Petrides, 2005; Seeley et al., 2007).

Das *SN* wird durch den dorsalen anterioren cingulären Kortex (dACC) und dem anterioren insulären Kortex (AI) gebildet und ist wichtig für die Erkennung, Integration und Filterung von internen und externen Reizen (Dosenbach et al., 2007; Lovero et al., 2009; Seeley et al., 2007; Sridharan et al., 2008).

Schließlich besteht das *DMN* aus kortikalen Mittellinienstrukturen und den lateralen Parietallappen, mit zentralen Punkten im posterioren cingulären Kortex (PCC) und dem medialen präfrontalen Kortex (mPFC).

Die Konnektivität dieser Netzwerke liegt sowohl der Psychopathologie als auch der verminderten kognitiven Leistungsfähigkeit bei psychiatrischen Störungen zugrunde (Menon, 2011).

Insbesondere die reduzierte Kopplung zwischen diesen Netzwerken, die a) für die Orientierung auf innere und äußere Reize (das Salienznetzwerk (SN, engl. salient network)), b) für die exekutive Kontrolle (das zentrale exekutive Netzwerk (CEN, engl. central executive network)) und c) den Selbstbezug (das selbstreferenzielle Verarbeitungsnetzwerk, (DMN, engl. default mode network)) stellt möglicherweise einen wichtigen neurobiologischen Mechanismus dar, der dem Zusammenhang von kognitiven Dysfunktionen und Dissoziation zugrunde liegt. Das funktionelle Zusammenspiel von subkortikalen Arealen und höheren kortikalen Netzwerken in Zusammenhang mit Affekt und Kognition sowie Dissoziation wird in diesem Modell berücksichtigt.

Forschungsergebnisse zu diesem Modell

Im Gegensatz zum dem CEN ist das DMN bei kognitiven Aufgaben deaktiviert und an selbstbezogenen Prozessen, autobiografischem Gedächtnis und sozialer Kognition beteiligt (Amodio & Frith, 2006; Buckner et al., 2008; Greicius et al., 2003; Qin & Northoff, 2011; Raichle et al., 2001; Spreng et al., 2009). Ein höheres Maß an dissoziativen Symptomen ist bei Frauen mit PTBS als Folge lebenszeitlich früher Traumata zu verzeichnen, bei gleichzeitig einer größeren Konnektivität des dlPFC mit dem DMN (Bluhm et al., 2009), was auf eine gesteigerte Beteiligung von CEN- Hirnregionen bei gleichzeitiger DMN-Aktivierung hinweist. Darüber hinaus ist im Zusammenhang mit Depersonalisation und Derealisation bei Personen mit PTBS infolge von Kindheitstraumata eine reduzierte Konnektivität zwischen DMN-Regionen (z. B. dorsale anterioren und posterioren DMN-Regionen) und dem ventromedialen PFC und dem rechten perigenualen ACC festzustellen sowie zwischen dem CEN und dem ventralen anterioren DMN, was auf eine verminderte Synchronisation zwischen und innerhalb von Gehirnnetzwerken hindeutet. Die funktionelle Konnektivität dieser Netzwerke erwies sich während der Verarbeitung von bedrohlichen subliminalen und supraliminalen Reizen (subliminal = unterhalb der Wahrnehmungsschwelle und supraliminal = über der Wahrnehmungsschwelle) als erhöht zwischen ventrolateralem PFC und dem CEN in Abhängigkeit vom Status des dissoziativen Subtyps bei Personen mit PTBS (Rabellino et al., 2015).

Im Zusammenhang mit dissoziativen Symptomen bei PTBS zeigte sich auch eine erhöhte insuläre Konnektivität mit dem linken basolateralen Amygdala-Komplex, d. h. eine Erhöhung der Symptome der Depersonalisation und Derealisation konnte durch eine erhöhte insuläre Konnektivität mit der linken basolateralen Amygdala vorhergesagt werden (Nicholson et al., 2016), also einer erhöhten Konnektivität innerhalb des SN. Es wird angenommen, dass die basolaterale Amygdala die Aktivität der anterioren Insula über GABA-erge Verbindungen dämpfen kann, was zu einer verminderten Erregung und interozeptiven Wahrnehmung, Wachsamkeit und emotionalen Verarbeitung führt, wie es bei PTBS-DS beobachtet wird (Nicholson et al., 2016).

Daniels et al. (2016) berichten, dass Patienten mit PTBS-DS ein erhöhtes Volumen der grauen Substanz im rechten präzentralen Gyrus aufweisen, einer Hirnregion, die an der angstbezogenen motorischen Neurozirkulation beteiligt ist (Williams et al., 2001). Sie wiesen zudem eine Erhöhung des Volumens des rechten mittleren frontalen Gyrus nach, einer Region, die nachweislich an der Herunterregulierung emotionaler Erregung beteiligt ist (Dorfel et al., 2014), beides ist positiv mit dissoziativen Symptomen korreliert. Schließlich zeigen Personen mit PTBS-DS eine größere Konnektivität der Amygdala mit präfrontalen

Regionen, die an der Emotionsregulation beteiligt sind, und mit Regionen, die an Bewusstsein, Wahrnehmung und Propriozeption beteiligt sind, als Personen ohne DS (Nicholson et al., 2015). Nicholson et al. (2016) schlussfolgerten, dass die veränderte Konnektivität des Amydala-Komplexes mit dem ausgeprägten Symptomprofil und dem neurobiologischen Profil der PTBS-DS zusammenhängen könnte.

8.4   Rolle endogener Opioide bei dissoziativen Störungen und neuropsychologischen Funktionen

Opioidrezeptoren sind überall in der Hirnrinde und im limbischen System vorhanden (Le Merrer et al., 2009). McKinnon und Lanius stellen die Hypothese auf, dass endogene (körpereigene) Opioide über ihre Wirkung auf thalamische Kerne eine funktionelle sensorische Deafferenzierung (=Unterbrechung des neuronalen Signaltransports) vermitteln. Dies führt gemäß der Hypothese zu einer verminderten sensorischen Integration und zu einer damit verbundenen Beeinträchtigung des Gedächtnisses und der exekutiven Funktionen auf der Ebene des präfrontalen Kortex.

> **Exkurs zur sensorischen Deafferenzierung**
> Der Begriff „Deafferenzierung" beschreibt den Verlust physiologischer Afferenzen primärer sensorischer Neurone. Klinisch gehen damit ein Defizit oder völliger Verlust aller sensorischen Qualitäten einher. Der fehlende afferente Zustrom führt zu strukturellen/funktionellen Veränderungen im zentralen Nervensystem. Zentrale Deafferenzierung findet statt, wenn reizverarbeitende oder reizleitende Strukturen des zentralen Nervensystems geschädigt werden.

Es wird angenommen, dass endogene Opioide über reziproke Projektionen zwischen dem ventrolateralem periaqueduktalem Grau (vlPAG) und limbischen Strukturen an den abgeflachten emotionalen Reaktionen und beeinträchtigten Gedächtnisleistungen im Rahmen dissoziativer Störungen beteiligt sind.

Kozlowska et al. (2015) gehen davon aus, dass dissoziative Reaktionen mit opioid-vermittelter Analgesie über den Schmerzkreislauf des PAG und der ventromedialen Medulla einhergehen. Demnach sind Opioide an der Auslösung von dissoziativer Immobilität (Fanselow, 1986; Makino et al., 2000), an der Unterdrückung vokaler Reaktionen auf Bedrohung (Lanius et al., 2014), sowie an der Herunterregulierung der hypothalamisch vermittelten sympathischen Reaktionen auf Stress (Drolet et al., 2001) beteiligt. Opioidrezeptoren sind in großen Mengen im Thalamus vorhanden (Henriksen & Willoch, 2008). Opioide werden mit sensorischer Sinneswahrnehmung in Verbindung gebracht, sowohl der schmerz- als auch nicht-schmerzbezogenen somatosensorischen Wahrnehmung (Müller et al., 2010) sowie auch mit physiologischer Erregung, alles Schlüsselaufgaben der Thalamuskerne. Zusammengefasst, kann davon ausgegangen werden, dass opioidvermittelte Veränderungen der Thalamusaktivität zum Teil die defizitäre sensorische Integration und das Erregungsniveau verursachen und mit dissoziativen Zuständen einhergehen. Tatsächlich führen Stresssituationen bei PTBS zur Freisetzung von endogenen Opioiden, wie dies bei der stressinduzierten Analgesie (van der Kolk et al., 1989) und der endogenen Opioidsekretion nach der Exposition von traumabezogenen Reizen (emotionale Taubheit, van der Kolk, 2001) auftritt.

Baker et al. (1997) fanden eine negative Korrelation bzw. eine inverse Beziehung zwischen Intrusions- und Vermeidungssymptomen und dem β-Endorphin-Plasmaspiegel bei Kriegsveteranen mit PTBS: Je höher die β-Endorphin-Plasmaspiegel, desto geringer die Intrusions- und Vermeidungssymptome. Es könnte möglicherweise eine opioidvermittelten Anfälligkeit für dissoziative Zustände geben. Vergaben von Opioid-Agonisten führten zu einer reversiblen Erhöhung von Schmerzschwellen bei der traumabezogenen Reizexposition (Pitman et al., 1990). Eine Senkung der Schmerzschwelle durch Behandlung mit Opioid-Rezeptor-Antagonisten wurde bei Personen mit dissoziativen Symptomen, einschließlich Depersonalisation, (Nuller et al., 2001; Simeon & Knutelska, 2005) sowie bei der Borderline-Persönlichkeitsstörung (z. B. Schmahl et al., 2012) beobachtet.

Exkurs
Endogene Opioide:
Die endogenen Opioide sind körpereigene Peptide, die als körperliche Antwort auf Stress ausgeschüttet werden. Sie dienen z. B. der akuten Schmerzunterdrückung und der Entstehung von Euphorie. Sie modulieren jedoch auch Sexualhormone sowie die Regulation von gastrointestinalem Funktionen, Atmung, Thermoregulation und Immunreaktionen. Sie werden bei physischem Stress und bei emotionalem Stress ausgeschüttet. Es gibt 3 Klassen der endogenen Opioide: die Endorphine (z. B. das β-Endorphin), die Enkephaline und die Dynorphine

β-Endorphin:
β- oder auch Beta-Endorphin ist das am häufigsten im menschlichen Organismus vorkommende Endorphin, eines von drei Neuropeptiden mit analgetischer Wirkung.
   Beta-Endorphin wird in den Zellen von Hypothalamus und Hypophyse aus dem Vorgängermolekül Proopiomelanocortin (POMC) synthetisiert. POMC selbst wird ebenfalls im Hypothalamus gebildet und dient der Hypophyse auch zum Aufbau weiterer Hormone (z. B. ACTH). Als biologisches Morphinäquivalent besitzt Beta-Endorphin eine hohe Affinität zu spezifischen Opiatrezeptoren und hat als Neuropeptid eine analgetische Wirkung. Schmerzen und Stress stimulieren die Beta-Endorphin-Ausschüttung. Erhöhte Plamaspiegel wirken schmerzregulierend, euphorisierend und beeinflussen das vegetative Nervensystem.

Opioid-Rezeptor-Antagonisten/Agonisten:
Opioidantagonisten sind alle Substanzen (auch Medikamente), die an Opioidrezeptoren wirken und dort die Wirkung der Opioide partiell oder vollständig aufheben. Opiodagonisten wirken dort ebenfalls, jedoch verstärken sie die Wirkung der Opioide.

Opioide wurden in der Tierforschung mit Gedächtnisstörungen in Verbindung gebracht (Itoh et al., 1994; Ma et al., 2007; Ukai et al., 1997; Zhu et al., 2011). Insbesondere wurde berichtet, dass die Behandlung mit Opioid-Agonisten den Erwerb (z. B. Zhu et al., 2011) und Abruf (Zhu et al., 2011) räumlicher Erinnerungen und das Arbeitsgedächtnis (Itoh et al., 1994), das Vermeidungslernen (Aguilar et al., 1998; Ukai et al., 1997) und das räumliche Wiedererkennen (Ma et al., 2007) beeinträchtigen. Opioidrezeptorantagonisten scheinen die Wirkungen von Opioid-Agonisten umzukehren (Ukai et al., 1997; Zhu et al., 2011) und die damit verknüpfte Gedächtnisleistung (Canli et al., 1990; Gallagher et al., 1983).
   Bei Behandlung mit Opioidrezeptorantagonisten im Vergleich zu Placebo zeigt sich eine Verbesserung des Wiedererkennens nach Stressinduktion durch phyiologisch erregende Stimuli (KatzenPerez et al., 2001). Bei Personen, die eine Opioidbehandlung zur Schmerzbehandlung bei Krebserkrankung erhielten, wurde die Opioidwirkung mit einer verlängerten Reaktionszeit, defizitären Aufmerksamkeit und einem reduzierten episodischen Gedächtnis in Verbindung gebracht, dies in Abhängigkeit von der Dosis (Kurita et al., 2009; Lawlor, 2002). Ähnliche Ergebnisse wurden bei Personen mit chronischen Schmerzen während der Behandlung mit Opioiden berichtet: Beeinträchtigungen bei Aufgaben

zur Prüfung des räumlichen Gedächtnisses, der kognitiven Flexibilität und des Arbeitsgedächtnisses (Schiltenwolf et al., 2014).

Opioide beeinträchtigen nicht nur Erwerb und Abruf von Gedächtnisinhalten, sondern vielmehr auch die Neurogenese im Hippocampus. Die chronische Verabreichung von Morphin führt zu einer verringerten Neurogenese und Zellproliferation (Zellteilung und -wachstum) im Hippocampus (Eisch et al., 2000; Kahn et al., 2005; Mandyam et al., 2004). Im Gegensatz dazu wurde bei Mäusen, bei denen ein Opioidrezeptor ausgeschaltet wurde, eine verstärkte Neurogenese verzeichnet, was sich in einer erhöhten Anzahl von Vorläuferzellen im Hippocampus sowie in einem erhöhten Volumen und einer erhöhten Anzahl von Neuronen im Gyrus dentatus niederschlug (Harburg et al., 2007). Vergleichbare Ergebnisse fanden sich auch in einer Studie mit Personen mit PTBS mit/ohne komorbider DID: In der PTBSDID-Gruppe fand sich ein verringertes Gesamtvolumen und anteiliges Volumen des Hippocampus. Die anteilige Volumenminderung korrelierte mit dissoziativen Symptomen (Chalavi et al., 2015).

8.5 Neurobiologisches Modell der Synchronisation

Die zeitliche Komponente der Integration bezieht sich auf die neuronale Synchronisation, die es ermöglicht, neuronale Aktivität verschiedener Hirnregionen über längere Zeitspannen und weit entfernte Regionen/Netzwerke hinweg zu integrieren. Zusammengenommen bilden die räumliche Konnektivität und die zeitliche Synchronisation eine komplexe zeitlich-räumliche Struktur und Dynamik der spontanen Aktivität des Gehirns (s.a. Northoff et al., 2019).

Man kann verschiedene neuronale Ebenen der Synchronisation im fMRT unterscheiden, a) lokale oder intra-regionale Ebene; b) Netzwerk- oder interregionale Ebene; und c) globale Ebene des gesamten Gehirns. Integration bedeutet in diesem Fall, dass neuronale Aktivitäten zu verschiedenen diskreten Zeit- und Raumpunkten miteinander in Beziehung stehen und in Abhängigkeit voneinander verarbeitet werden. Studiendaten weisen darauf hin, dass Störungen der neuronalen Synchronisation auf regionaler Ebene, auf Netzwerkebene und auf globaler neuronaler Ebene psychischen Integrationsstörungen zugrunde liegen, die sich in Dissoziation äußern (Northoff et al., 2019; sowie Northoff & Huang, 2017).

Synchronisationsstörung auf

a) lokaler bzw. intra-regionaler Ebene findet innerhalb der Regionen selbst statt, Northoff spricht dabei von *„zeitlich-räumlicher Bindung"* auf neuronaler Ebene (Northoff, 2018). Als Beispiel kann eine Synchronisation von Reizen durch 40 Hz Oszillationen (Gamma-Band Aktivierung) im visuellen Kortex erfolgen. Dies wird auch als *„Bindung durch Synchronisation"* bezeichnet (Mudrik et al., 2014; Zmigrod & Hommel, 2011) und findet bereits bei Spontanaktivität in einzelnen Regionen statt. Sie kann im fMRT gemessen werden.

Auf

b) interregionaler Ebene findet Synchronisation durch die so genannte „Regionale Homogenität" (ReHo, Zang et al., 2004; Zuo et al., 2013) statt. ReHo lässt sich als funktionelle Konnektivität auf lokaler oder intraregionaler räumlicher Ebene interpretieren, wobei sie funktionelle Interaktionen oder Synchronisationen zwischen benachbarten Voxeln oder Scheitelpunkten misst. Operativ ist ReHo durch zwei wichtige Merkmale gekennzeichnet: a) die Definition von Nachbarschaft, die durch räumliche Nähe bestimmt wird, und b) die funktionelle Homogenität der Zeitserien aus diesen benachbarten Voxeln. ReHo spiegelt die lokale oder intra-regionale Synchronisation zwischen verschiedenen Voxeln auf neuronaler Ebene wieder. Jedes einzelnes Voxel enthält mehrere Millionen Neuronen (Logothetis, 2008). Angesichts der Tatsache, dass verschiedene Neuronenpopulationen in einer Region unterschiedliche Reize verarbeiten (Ruben et al., 2001), steht ReHo für die neuronale zeitlich-räumliche Synchronisation, um die Bindung verschiedener Reize an Inhalte zu ermöglichen. Die mangelnde Integration infolge von Dissoziation kann also eine mangelnde Bindung auf der Basis fehlerhafter Synchronisation erklärt werden. Dies kann durch ReHo gemessen werden. Scaralani et al. (2020) prüfen beispielhaft diese Hypothese. Personen, die sich durch ein höheres Maß an dissoziativer Neigung auszeichnen, zeigten eine verringerte lokale Konnektivität in der rechten anterioren Insula (AI), im linken postzentralem Gyrus und im rechten inferioren frontalen Gyrus.

Die Ergebnisse deuten darauf hin, dass eine zeitlich-räumliche Einheit und ihre zeitlich-räumliche Bindung bei Dissoziation gestört zu sein scheinen. Verringerte ReHo in der Insula deutet auf verringerte Bindung und Synchronisation von interozeptiven Reizen aus dem Körper und exterozeptiven Reizen aus der Umwelt hin. Die intero-exterozeptive Bindung ist also bei Dissoziation gestört, sodass die jeweiligen Inhalte, wie sie sich durch ihre „zeitlich-räumliche und objektive Einheit" auszeichnen, verloren gehen, was zu dem Auseinanderfallen von Funktionen bei Dissoziation führt. Dieser Verlust der Inhalte und ihrer „objektiven Einheit" kann sich z. B. in der Wahrnehmung einzelner nicht integrierter stark isolierter Empfindungen oder Eindrücke überwältigender traumatischer Erfahrungen bezüglich der Außenwelt oder des eigenen Körpers in dissoziativen Zuständen äußern (Van der Kolk, 2015; Mucci, 2018; Schore, 2011; Lanius et al., 2010).

Die zeitlich-räumliche Integration findet auch c) zwischen verschiedenen Regionen auf Netzwerkebene statt. Dies kann durch funktionelle Konnektivität gemessen werden, die auf der Korrelation der Zeitreihen verschiedener Hirnregionen beruht. Wenn verschiedene Hirnregionen ähnliche Muster der Varianz der Aktivität im Zeitverlauf aufweisen, können sie als zu einem Netzwerk gehörig identifiziert werden (Hacker et al., 2013; Smith et al., 2009). Da die Korrelation zwischen den Zeitreihen auf eine Synchronisation zwischen den der neuronalen Aktivität en der verschiedenen Regionen (siehe Weaver et al., 2016; Huang et al., 2017) zurückgeht, kann man auch die funktionelle Konnektivität im Ruhezustand (resting state functional connectivity = rs-FC) als zeitlich-räumliche Synchronisation charakterisieren. Ruth Lanius und ihr Team fanden charakteristische rs-FC-Muster bei Personen mit der Diagnose PTBS mit Dissoziation (vs. PTBS ohne Dissoziation) vom präfrontalen Kortex zur Amygdala (Lanius et al., 2010) sowie der Insula mit verschiedenen kortikalen und subkortikalen Regionen (Nicholson et al., 2015; Tursich et al., 2015). Scaralani et al. (2020) fanden eine signifikant negative Beziehung zwischen den verschiedenen Netzwerken, insbesondere mit der rechten anterioren Insula, die durch die Dissoziationsneigung moduliert wird. Zu den Netzwerken, die in Abhängigkeit vom Grad der Dissoziation mit der Insula in Beziehung stehen, gehören auditive, visuelle und subkortikale Bereiche, wie die fronto-parietale Aufgabenkontrolle (FPTC), das Kleinhirn, die cingulo-operkuläre Aufgabenkontrolle (COTC) und das Salienznetzwerk. Daraus schlussfolgern die Autoren, dass der Grad der Dissoziation umso höher ist, je mehr die Netzwerke von der Insula desynchronisiert sind. Die reduzierte zeitlich-räumliche Synchronisation der neuronalen Aktivität verhindert demnach die Integration der verschiedenen Funktionen, einschließlich sensomotorischer, wahrnehmender, kognitiver und affektiver Funktionen.

Ein spezifischer Fall von Nicht-Integration auf der Netzwerkebene kann zwischen somatischen Informationen aus dem eigenen Körper auf der einen Seite und kognitiven, affektiven und sensorischen Informationen auf der anderen Seite vorkommen. Die Gruppe um Tallon-Baudry demonstrierte die Körper-Hirn-Kopplung durch die zeitliche Synchronisation von interozeptiven Reizen von Herz und Magen mit der spontanen Aktivität des Gehirns, insbesondere in der Insula und anderen Regionen wie den anterioren Mittellinienregionen und dem visuellen Kortex (Park et al., 2014). Diese Ergebnisse zeigen, dass das Gehirn und die zeitliche Struktur der neuronalen Aktivität sich an der laufenden zeitlichen Struktur des Körpers und seiner laufenden viszeralen Aktivität in Magen und Herz ausrichten (Northoff & Huang, 2017; Northoff, 2018). Nach Tallon-Baudry und Kollegen (Tallon-Baudry et al., 2018) wirkt eine solche „zeitlich-räumliche Ausrichtung" (Northoff, 2018; Northoff & Huang, 2017) zwischen Gehirn und Körper, d. h. die neuro-viszerale Überwachung, auf die Konstituierung der Ich-Perspektive. Unsere Ich-Perspektive basiert demnach also nicht auf dem Gehirn selbst, sondern darauf, wie seine neuronale Aktivität auf den Körper und damit auf die Umwelt ausgerichtet und synchronisiert ist.

Scaralanis (2020) Ergebnisse zeigen, dass die Dissoziation mit der zeitlich-räumlichen Desynchronisation zwischen der Insula, als Vermittlerin der interozeptiven Reize des Körpers, und den verschiedenen kortikalen Netzwerken, die an unterschiedlichen psychologischen Funktionen beteiligt sind, z. B. Kognition, Emotion, Wahrnehmung einhergeht. Diese und andere Erkenntnisse unterstreichen die zentrale Rolle der Insula bei Dissoziation und PTBS (Lanius et al., 2010; Tursich et al., 2015; Nicholson et al., 2015; Lemche et al., 2014). Eine zeitlich-räumliche Desynchronisation der Körper-Hirn-Verbindung stört die Ich-Perspektive (Tallon-Baudry et al., 2018): Anstatt auf die eigene Person bezogen wahrgenommen zu werden, bleiben die Inhalte losgelöst der körperbasierten Ich-Perspektive. Die „Désagrégation" von Inhalten aus der Ich-Perspektive und ihre anschließende Manifestation als Dissoziatonssymptome können sowohl auf kognitiver als auch auf somatischer Ebene auftreten. Auf der kognitiven Ebene äußert sich dieser Prozess in Derealisation und Depersonalisation. Analoge Symptome können auf der somatischen Ebene des Körpers beobachtet werden. Dies kann zu einer Somatisierung mit verschiedenen Körpersymptomen wie unspezifischen Schmerzen, Hyperreaktivität auf äußere Reize und abnormale Herzschlagwahrnehmung führen (Van der Kolk, 2015; Nijenhuis, 2001; Brown et al., 2007). Auf einer allgemeineren Ebene spiegelt eine solche Körper-Gehirn-Störung das wider, was Pierre Janet als „Désagrégation" zwischen Körper und Geist beschrieben hat, was auch auch als Verlust der Ich-Perspektive bezeichnet werden kann.

8.6   Zusammenfassung der Integrationsstörung

Zusammengefasst sprechen die Ergebnisse für den Beitrag einer funktionellen sensorischne Deafferenzierung auf der Ebene der kortikosensorischen Bahnen bei Entstehung und Aufrechterhalt von dysfunktionalen kognitiven Mustern bei Dissoziation. Dabei kann die Entwicklung und Aufrechterhaltung einer funktionellen sensorischen Deafferenzierung den Zugang zu kortikalen Verarbeitungsressourcen für Gedächtniskodierung und -abruf, Aufmerksamkeit und exekutive Funktionen beeinträchtigen. Die resultierende schlechte Integration sensorischer Erfahrungen könnte zu weiteren Defiziten in vielen kognitiven Funktionen beitragen, bei denen der sensorische Input für den Großteil der kognitiven Kontrollvorgänge erforderlich ist.

Pierre Janets Beschreibung von Dissoziation als Integrationsstörung findet sich demnach stark in unserer heutigen neurobiologischen und neuropsychologischen Sichtweise von Dissoziation wieder (siehe Mucci et al., 2019; Farina et al., 2019; Frewen & Lanius, 2006; Reinders et al., 2006, 2019; Schlumpf et al., 2013). Mehrere Wissenschaftler haben die Hypothese aufgestellt, dass dissoziative Reaktionen auf ein Trauma ähnlich sind wie die „Frozen"-Reaktion, die bei Tieren unter Stress und Bedrohung beobachtet wird: In Situationen, die subjektiv nicht kontrolliert werden können/oder in der Vergangenheit konnten, kann der bedrohte Organismus in eine Art passiven Verteidigungsmodus wechseln, dies begleitet von einem Ausschalten des Erregungssystems und einer erhöhten parasympathischen Aktivität (Gershuny & Thayer, 1999; Schauer & Elbert, 2010; Hagenaars et al., 2014; Liotti, 1992; Cantor, 2005; Schore, 2009). Daher führen laut Farina und Kollegen (2019) dissoziative nicht-integrative Prozesse zu affektiver Dysregulation. Dies kann begleitet sein von einem Auseinanderfallen mentaler und verhaltensbezogener Verarbeitungsprozesse sowie des selbstreflektiven Bewusstseins und autobiographischen Gedächtnisses (Carlson et al., 2009; Liotti, 2009; Schore, 2009; Teicher et al., 2010; Braun & Bock, 2011; Meares, 2012), also einer Integrationsstörung. Nicht integrierte Inhalte sind jedoch nicht „verloren", sondern weiterhin vorhanden. Die Störung der Integration beeinträchtigt nur die kohärente Kodierung von bedeutsamen Ereignissen (Peterson & Posner, 2012; Conway & Pleydell-Pearce, 2000). Dies wiederum führt zu einer nicht-integrierten Wahrnehmung verschiedener Qualitäten (z. B. sensorische, affektive und kognitive) eines Ereignisses, die unverbunden wahrgenommen werden können. Die fehlende Integration kann verschiedene Aspekte der Wahrnehmung betreffen, wie das Zeiterleben (z. B. Gefühl, als ob ein traumatisches Ereignis, das in der Vergangenheit erlebt wurde, immer noch präsent ist), das Körpererleben (z. B. Depersonalisierung und außerkörperliche Erfahrungen), die Gedanken

(z. B. Stimmenhören in der zweiten Person) und das Gefühlserleben (z. B. Gefühlsbetäubung) (Frewen & Lanius, 2014, 2006). Daher kann in Übereinstimmung mit der ursprünglichen Ansicht von Pierre Janet die Hypothese aufgestellt werden, dass Dissoziation als ein integratives Versagen auf verschiedenen Ebenen betrachtet werden kann (Van de Hart, 2006; Farina et al., 2019).

Diese Sichtweise deckt sich gut mit den klinischen Beobachtungen bei dissoziativer Symptomatik. Mentale Symptome der fehlenden Integration, wie z. B. Intrusionen, können durch die Wahrnehmung isolierter, nicht integrierter sensorischer Stimuli gekennzeichnet sein, als ob das jeweilige Ereignis zeitlich noch präsent wäre (Van der Kolk, 2015; Van der Kolk et al., 1996; Foa & Riggs, 1995). In ähnlicher Weise kann man bei Symptomen der Depersonalisation (von sich abgetrennt sein) annehmen, dass die traumatischen Ereignisse und ihre Inhalte nicht ins Bewusstsein gelangen, da sie nicht mehr mit anderen Inhalten integriert werden. Dies spiegelt sich im Verlust des Bewusstseins für diese Ereignisse auf einem graduellen Kontinuum wider, angefangen von Absorptionen und leichten Bewusstseinslücken (Butler, 2006) bis hin zu pathologischeren Manifestationen wie Depersonalisation und Derealisation (Putnam, 1995).

Was Sie aus diesem *essential* mitnehmen können

- Dissoziative Störungen sind eine eigenständig diagnostizierbare Störungskategorie, sie treten jedoch transdiagnostisch in Kombination mit anderen Störungen auf.
- Dissoziative Störungen sind vielseitig, weisen jedoch einige Gemeinsamkeiten auf.
- Dissoziative Störungen weisen spezifische neuropsychologische und neurobiologische Korrelate auf. Diese Korrelate lasssen sich auch bei Gesunden mit dissoziativer Neigung aufzeigen.
- Es gibt *multifaktorielle Erklärungsmodelle,* die die Dissoziationsneigung sowohl wie ein Trait (eher angeboren oder früh erworben und stabil) als auch wie ein State (situationsabhängig und variabel) ansehen.
- Mittlerweile liegt eine Vielzahl neurowissenschaftlicher Forschungsarbeiten vor, auf deren Basis *neurobiologische Erklärungsmodelle* entwickelt wurden.
- Es besteht ein *Zusammenhang zwischen dissoziativer Symptomatik und defizitären neuropsychologischen Funktionen* sowohl bei Gesunden als auch bei psychisch Erkrankten.
- Es zeigen sich *neuropsychologische Funktionsstörungen* in den Bereichen Gedächtnis, Wahrnehmung, Aufmerksamkeit, Exekutive Funktionen, Informationsverarbeitung.
- Bei den dissoziativen Störungen folgt man auch heute noch dem Ansatz einer Integrationsstörung, wie es Janet schon vorgeschlagen hat. Es besteht ein teilweiser oder völliger *Verlust* der normalen Integration der Erinnerung an die *Vergangenheit, - des Identitätsbewusstseins, –der Wahrnehmung* unmittelbarer *exteroceptiver und interozeptiver* Empfindungen sowie der Kontrolle von *Körperbewegungen.*

K. Hennig-Fast, *Neuropsychologie dissoziativer Störungen*, essentials, https://doi.org/10.1007/978-3-662-66686-9

- *Neuropsychologische Funktionsstörungen* sind sowohl bei *Entstehung und Aufrechterhalt* der Symptomatik wesentlich beteiligt, deshalb sollten sie diefferenziert diagnostiziert werden und in der Behandlung der dissoziativen Störungen Berücksichtigung finden.

- Die *dissoziativen Symptome und die neuropsychologischen Dysfunktionen* weisen in der Regel neurobiologische Korrelate sowie neurofunktionelle Korrelate in konnektiven Netzwerken auf, die Störungen sind anteilig reversibel.

Literatur

American Psychiatric Association. (1987). *Diagnostic and statistical manual of mental disorders* (4. Aufl.; DSM-III). American Psychiatric Association.

American Psychiatric Association. (1995). *Diagnostic and statistical manual of mental disorders* (4. Aufl.; DSM-IV). American Psychiatric Association.

American Psychiatric Association. (2013). *Diagnostic and statistical manual of mental disorders* (5. Aufl.; DSM-V). American Psychiatric Association.

Amodio, D. M., & Frith, C. D. (2006). Meeting of minds: The medial frontal cortex and social cognition. *Nature Reviews Neuroscience, 7,* 268–277.

Amrhein, C., Hengmith, S., Maragkos, M., & Hennig-Fast, K. (2008). Neuropsychological characteristics of highly dissociative healthy individuals. *Journal of Trauma & Dissociation, 9,* 525–542.

Armour, C., Karstoft, K., & Richardson, J. D. (2014). The co-occurrence of PTSD and dissociation: Differentiating severe PTSD from dissociative-PTSD. *Social Psychiatry and Psychiatric Epidemiology, 49*(8), 1297–1306.

Aupperle, R. L., Melrose, A. J., Stein, M. B., & Paulus, M. P. (2012). Executive function and PTSD: Disengaging from trauma. *Neuropharmacology, 62,* 686–694.

Baker, D. G., West, S. A., Orth, D. N., Hill, K. K., Nicholson, W. E., Ekhator, N. N., Bruce, A. B., Wortman, M. D., Keck, P. E., & Geracioti, T. D. (1997). Cerebrospinal fluid and plasma β-endorphin in combat veterans with post-traumatic stress disorder. *Psychoneuroendocrinology, 22,* 517–529.

Ball, H., Robinson, A., Shekhar, A., & Walsh, K. (1997). Dissociative symptoms in panic disorder. *The Journal of Nervous and Mental Disease, 185,* 755–760.

Barlow, M. R. (2011). Memory for complex emotional material in dissociative identity disorder. *Journal of Trauma & Dissociation, 12,* 53–66.

Baron-Cohen S, Wheelwright S, Hill J, Raste Y, Plumb I. The "Reading the Mind in the Eyes" Test revised version: a study with normal adults, and adults with Asperger syndrome or high-functioning autism. *J Child Psychol Psychiatry.* 2001 Feb;*42*(2):241-251.

Belli, H. (2014). Dissociative symptoms and dissociative disorders comorbidity in obsessive compulsive disorder: Symptom screening, diagnostic tools and reflections on treatment. *World Journal of Clinical Cases, 2,* 327–331.

Belli, H., Ural, C., Vardar, M. K., Yesilyurt, S., & Oncu, F. (2012). Dissociative symptoms and dissociative disorder comorbidity in patients with obsessive-compulsive disorder. *Comprehensive Psychiatry, 53,* 975–980.

© Der/die Herausgeber bzw. der/die Autor(en), exklusiv lizenziert an Springer-Verlag GmbH, DE, ein Teil von Springer Nature 2022
K. Hennig-Fast, *Neuropsychologie dissoziativer Störungen,*
essentials, https://doi.org/10.1007/978-3-662-66686-9

Bergouignan, L., Nyberg, L., & Ehrsson, H. H. (2014). Out-of-body-induced hippocampal amnesia. *Proceedings of the National Academy of Sciences, 111,* 4421–4426.

Bermejo, P., Martin-Aragon, S., Benedi, J., Susin, C., Felici, E., Gil, P., Ribera, J. M., & MaVillar, A. (2008). Differences of peripheral inflammatory markers between mild cognitive impairment and Alzheimer's disease. *Immunology Letters, 117,* 198–202.

Bernstein, E., & Putnam, F. W. (1986). Development, reliability, and validity of a dissociation scale. *The Journal of Nervous and Mental Disease, 174,* 727–735.

Bizik, G., Bob, P., Raboch, J., Svetlak, M., Simek, J., Pec, O., Benakova, H., Uhrova, J., & Zima, T. (2011). Dissociation and immune dysregulation: A preliminary report. *Activitas Nervosa Superior, 53,* 141–145.

Bluhm, R. L., Williamson, P. C., Osuch, E. A., Frewen, P. A., Stevens, T. K., Boksman, K., Neufeld, R. W. J., Théberge, J., & Lanius, R. A. (2009). Alterations in default network connectivity in posttraumatic stress disorder related to early-life trauma. *Journal of Psychiatry and Neuroscience, 34,* 187–219.

Bob, P., Fedor-Freybergh, P., Jasova, D., Bizik, G., Susta, M., Pavlat, J., Zima, T., Benakova, H., & Raboch, J. (2008). Dissociative symptoms and neuroendocrine dysregulation in depression. *Medical Science Monitor, 14,* 499–504.

Bob, P., Raboch, J., Maes, M., Susta, M., Pavlat, J., Jasova, D., Vevera, J., Uhrova, J., Benakova, H., & Zima, T. (2010). Depression, traumatic stress and interleukin-6. *Journal of Affective Disorders, 120,* 231–234.

Brand, B. L., Lanius, R., Vermetten, E., Loewenstein, R. J., & Spiegel, D. (2012). Where are we going? An update on assessment, treatment, and neurobiological research in dissociative disorders as we move toward the DSM-5. *Journal of Trauma & Dissociation, 13,* 9–31.

Brand, B. L., & Stadnik, R. (2013). What contributes to predicting change in treatment of dissociation: Initial levels of dissociation, PTSD, or overall distress? *Journal of Trauma & Dissociation, 14*(3), 328–341.

Brandes, D., Ben-Schachar, G., Gilboa, A., Bonne, O., Freedman, S., & Shalev, A. Y. (2002). PTSD symptoms and cognitive performance in recent trauma survivors. *Psychiatry Research, 110,* 231–238.

Braun, K., & Bock, J. (2011). The experience-dependent maturation of prefronto-limbic circuits and the origin of developmental psychopathology: Implications for the pathogenesis and therapy of behavioural disorders. *Developmental Medicine and Child Neurology, 53*(4), 14–18.

Bremner, J. D., & Marmar, C. R. (1998). *Trauma, memory, and dissociation.* American Psychiatric Press.

Bremner, J. D. (2009). Neurobiology of dissociation: A view from the trauma field. In P. F. Dell & J. A. O'Neil (Hrsg.), *Dissociation and the dissociative disorders: DSM-V and beyond* (S. 329–336). Routledge/Taylor & Francis Group.

Brewin, C. R., Ma, B. Y. T., & Colson, J. (2013). Effects of experimentally induced dissociation on attention and memory. *Consciousness and Cognition, 22,* 315–323.

Briere, J., Scott, C., & Weathers, F. (2005). Peritraumatic and persistent dissociation in the presumed etiology of PTSD. *The American journal of psychiatry, 162*(12), 2295–2301.

Brown, E. S., Lu, H., Denniston, D., Uh, J., Thomas, B. P., Carmody, T. J., Auchus, R. J., Diaz-Arrastia, R., & Tamminga, C. (2013). A randomized, placebo-controlled proof-of-concept, crossover trial of phenytoin for hydrocortisone-induced declarative memory changes. *Journal of Affective Disorders, 150,* 551–558.

Brown, R. J., Poliakoff, E., & Kirkman, M. A. (2007). Somatoform dissociation and somatosensory amplification are differentially associated with attention to the tactile modality following exposure to body-related stimuli. *Journal of Psychosomatic Research, 62*(2), 159–165.

Bruce, A. C., Ray, W. J., Bruce, J. M., Arnett, P. A., & Carlson, R. A. (2007). The relationship between executive functioning and dissociation. *Journal of Clinical and Experimental Neuropsychology, 29,* 626–633.

Bryant, R. A. (1995). Autobiographical memory across personalities in dissociative identity disorder: A case report. *Journal of Abnormal Psychology, 104,* 625–631.

Bryant, R. A. (2007). Does dissociation further our understanding of PTSD? *Journal of Anxiety Disorders, 21,* 183–191.

Buckner, R. L., Andrews-Hanna, J. R., & Schacter, D. L. (2008). The brain's default network: Anatomy, function, and relevance to disease. *Annals of the New York Academy of Sciences, 1124,* 1–38.

Butler, L. D. (2006). Normative dissociation. *Psychiatric Clinics of North America, 29*(1), 45–62.

Canli, T., Cook, R. G., & Miczek, K. A. (1990). Opiate antagonists enhance the working memory of rats in the radial maze. *Pharmacology, Biochemistry and Behavior, 36,* 521–525.

Cantor, C. (2005). *Evolution and posttraumatic stress: Disorders of vigilance and defence.* Routledge.

Cardeña, E., & Carlson, E. (2011). Acute stress disorder revisited. *Annual Review of Clinical Psychology, 7,* 245–267.

Cardeña, E., Nordhjem, B., Marcusson-Clavertz, D., & Holmqvist, K. (2017). The „hypnotic state" and eye movements: Less there than meets the eye? *PLoS ONE, 12*(8), e0182546.

Carlson, E. A., Yates, T. M., & Sroufe, L. A. (2009). Dissociation and the development of the self. In P. Dell & J. A. O'Neil (Hrsg.), *Dissociation and dissociative disorders: DSM-V and beyond* (S. 39–52). Routledge.

Chae, Y., Goodman, G. S., Eisen, M. L., & Qin, J. (2011). Event memory and suggestibility in abused and neglected children: Trauma-related psychopathology and cognitive functioning. *Journal of Experimental Child Psychology, 110,* 520–538.

Chalavi, S., Vissia, E. M., Giesen, M. E., Nijenhuis, E. R. S., Draijer, N., Cole, J. H., Dazzan, P., Pariante, C. M., Madsen, S. K., Rajagopalan, P., Thompson, P. M., Toga, A. W., Veltman, D. J., & Reinders, A. A. T. S. (2015). Abnormal hippocampal morphology in dissociative identity disorder and post-traumatic stress disorder correlates with childhood trauma and dissociative symptoms. *Human Brain Mapping, 36,* 1692–1704.

Cloitre, M., Cancienne, J., Brodsky, B., Dulit, R., & Perry, S. W. (1996). Memory performance among women with parental abuse histories: Enhanced directed forgetting or directed remembering? *Journal of Abnormal Psychology, 105*(1996), 204–211. https://doi.org/10.1037/0021-843X.105.2.204.

Comer, R. J., Sartory, G., Herbst, G., & Metsch, J. (2008). *Klinische Psychologie.* Beltz.

Conway, M. A., & Pleydell-Pearce, C. W. (2000). The construction of autobiographical memories in the self-memory system. *Psychological Review, 107*(2), 261.

Couto, B., Sedeno, L., Sposato, L. A., Sigman, M., Riccio, P. M., Salles, A., Lopez, V., Schroeder, J., Manes, F., & Ibanez, A. (2013). Insular networks for emotional processing and social cognition: Comparison of two case reports with either cortical or subcortical involvement. *Cortex, 49*(5), 1420–1434.

Craig, A. D. (2003). Interoception: The sense of the physiological condition of the body. *Current Opinion in Neurobiology, 13*(4), 500–505.

Craig, A. D. (2009). How do you feel–now? The anterior insula and human awareness. *Nature Reviews Neuroscience, 10*(1), 59–70.

Craig, A. D. (2010). The sentient self. *Brain Structure & Function, 214*, 563–577.

Craig, A. D. (2011). Significance of the insula for the evolution of human awareness of feelings from the body. *Annals of the New York Academy of Sciences, 1225*(1), 72–82.

Cromer, L. D., Stevens, C., DePrince, A. P., & Pears, K. (2006). The relationship between executive attention and dissociation in children. *Journal of Trauma & Dissociation, 7*, 135–153.

Cusi, A., MacQueen, G. M., & McKinnon, M. C. (2010). Altered self-report of empathic responding in patients with bipolar disorderl. *Psychiatry Research, 178*, 354–358.

Cusi, A., MacQueen, G. M., & McKinnon, M. C. (2012a). Patients with bipolar disorder show impaired performance on complex tests of social cognition. *Psychiatry Research, 200*, 258–264.

Cusi, A., MacQueen, G. M., Spreng, R. N., & McKinnon, M. C. (2011). Altered empathic responding in major depressive disorder: Relation to symptom severity, illness burden, and psychosocial outcome. *Psychiatry Research, 188*, 231–236.

Cusi, A., Nazarov, A., Holshausen, K., MacQueen, G. M., & McKinnon, M. C. (2012b). Systematic review of the neural basis of social cognition in patients with mood disorders. *Journal of Psychiatry and Neuroscience, 37*, 154–169.

Cusi, A., Nazarov, A., MacQueen, G. M., & McKinnon, M. C. (2013). Theory of mind deficits in patients with mild symptoms of major depressive disorder. *Psychiatry Research, 210*, 672–674.

Dalenberg, C. J., Brand, B. L., Gleaves, D. H., Dorahy, M. J., Loewenstein, R. J., Cardeña, E., Frewen, P. A., Carlso, E. B., & Spiegel, D. (2012). Evaluation of the evidence for the trauma and fantasy models of dissociation. *Psychological Bulletin, 138*(3), 550–588.

Daniels, J. K., Frewen, P., Theberge, J., & Lanius, R. A. (2016). Structural brain aberrations associated with the dissociative subtype of post-traumatic stress disorder. *Acta Psychiatrica Scand, 133*, 232–240.

De Bellis, M. D., Woolley, D. P., & Hooper, S. R. (2013). Neuropsychological findings in pediatric maltreatment: Relationship of PTSD, dissociative symptoms, and abuse/neglect indices to neurocognitive outcomes. *Child Maltreatment, 18*, 171–183.

De Bustamante Simas, M. (2000). The multiple-faces phenomenon: Some investigate studies. *Perception, 29*, 1393–1395.

Dell, P. F., & Lawson, D. (2009). Empirically delineating the domain of pathological dissociation. In P. F. Dell & J. A. O'Neil (Hrsg.), *Dissociation and the dissociative disorders: DSM-V and beyond* (S. 667–692). Routledge.

Dell, P. F., & O'Neil, J. A. (2009). *Dissociation and the dissociative disorders: DSM-V and beyond* (S. 39–52). Routledge.

DePrince, A. P., & Freyd, J. J. (2001). Memory and dissociative tendencies: The role of attentional context and word meaning in a directed forgetting task. *Journal of Trauma & Dissociation, 2,* 67–82.

DePrince, A. P., & Freyd, J. J. (1999). Dissociative tendencies, attention, and memory. *Psychological Science, 10,* 449–452.

DePrince, A. P., Weinzierl, K. M., & Combs, M. D. (2009). Executive function performance and trauma exposure in a community sample of children. *Child Abuse and Neglect, 33,* 353–436.

De Ruiter, M. B., Phaf, R. H., Elzinga, B. M., & Van Dyck, R. (2004). Dissociative style and individual differences in verbal working memory span. *Consciousness and Cognition, 13,* 821–828.

Devilly, G. J., Ciorciari, J., Piesse, A., Sherwell, S., Zammit, S., Cook, F., & Turton, C. (2007). Dissociative tendencies and memory performance on directed-forgetting tasks. *Psychological Science, 18,* 212–217.

Dewe, H., Watson, D. G., & Braithwaite, J. J. (2016). Uncomfortably numb: New evidence for suppressed emotional reactivity in response to body-threats in those predisposed to sub-clinical dissociative experiences. *Cognitive Neuropsychiatry, 21*(5), 377–401.

Dickerson, S. S., & Kemeny, M. (2004). Acute stressors and cortisol responses: A theoretical integration and synthesis of laboratory research. *Psychological Bulletin, 130*(3), 355–391.

Domes, G., Schulze, L., & Herpertz, S. C. (2009). Emotion recognition in borderline personality disorder: A review of the literature. *Journal of Personality Disorders, 23,* 6–19.

Dorahy, M. J. (2001). Dissociative identity disorder and memory dysfunction: The current state of experimental research and its future directions. *Clinical Psychology Review, 21*(5), 771–795.

Dorahy, M. J. (2006). The dissociative processing style: A cognitive organization activated by perceived or actual threat in clinical dissociators. *Journal of Trauma & Dissociation, 7,* 29–53.

Dorahy, M. J., Irwin, H. J., & Middleton, W. (2002). Cognitive inhibition in dissociative identity disorder (DID): Developing an understanding of working memory function in DID. *Journal of Trauma & Dissociation, 3,* 111–132.

Dorahy, M. J., McCusker, C. G., Loewenstein, R. J., Colbert, K., & Mulholland, C. (2006). Cognitive inhibition and interference in dissociative identity disorder: The effects of anxiety on specific executive functions. *Behaviour Research and Therapy, 44,* 749–764.

Dorahy, M. J., Middleton, W., & Irwin, H. J. (2005). The effect of emotional context on cognitive inhibition and attentional processing in dissociative identity disorder. *Behaviour Research and Therapy, 43,* 555–568.

Dorahy, M. J., Shannon, C., Seagar, L., Corr, M., Stewart, K., Hanna, D., Mulholland, C., & Middleton, W. (2009). Auditory hallucinations in dissociative identity disorder and schizophrenia with and without a childhood trauma history similarities and differences. *The Journal of Nervous and Mental Disease, 197,* 892–898.

Dorfel, D., Lamke, J. P., Hummel, F., Wagner, U., Erk, S., & Walter, H. (2014). Common and differential neural networks of emotion regulation by detachment, reinterpretation, distraction, and expressive suppression: A comparative fMRI investigation. *NeuroImage, 101,* 298–309.

Dosenbach, N. U. F., Fair, D. A., Miezin, F. M., Cohen, A. L., Wenger, K. K., Dosenbach, R. A. T., Fox, M. D., Snyder, A. Z., Vincen, J. L., Raichle, M. E., Schlaggar, B. L., & Petersen, S. E. (2007). Distinct brain networks for adaptive and stable task control in humans. *Proceedings of the National academy of Sciences of the United States of America, 104,* 11073–11078.

Downar, J., Blumberger, D. M., & Daskalakis, Z. J. (2016). The neural crossroads of psychiatric illness: An emerging target for brain stmulation. *Trends in Cognitive Sciences, 20*(2), 107–120.

Drolet, G., Dumont, E. C., Gosselin, I., Kinkead, R., Laforest, S., & Trottier, J. F. F. (2001). Role of endogenous opioid system in the regulation of the stress response. *Progress in Neuro-Psychopharmacology and Biological Psychiatry, 25,* 729–741.

Dunkin, J. J., Leuchter, A. F., Cook, I. A., Kasl-Godley, J. E., Abrams, M., & Rosenberg-Thompson, S. (2000a). Executive dysfunction predicts nonresponse to fluoxetine in major depression. *Journal of Affective Disorders, 60,* 13–23.

Dunkin, J. J., Leuchter, A. F., Cook, I. A., Kasl-Godley, J. E., Abrams, M., & Rosenberg-Thompson, S. (2000b). Executive dysfunction predicts nonresponse to fluoxetine in major depression. *Journal of Affective Disorders, 60,* 13–23.

Dutra, L., Bureau, J. F., Holmes, B., Lyubchik, A., & Lyons-Ruth, K. (2009). Quality of early care and childhood trauma: A prospective study of developmental pathways to dissociation. *The Journal of Nervous and Mental Disease, 197*(6), 383–390.

Eisch, A. J., Barrot, M., Schad, C. A., Self, D. W., & Nestler, E. J. (2000). Opiates inhibit neurogenesis in the adult rat hippocampus. *Proceedings of the National academy of Sciences of the United States of America, 97,* 7579–7584.

Elzinga, B. M., Ardon, B. M., Heijnis, M. K., De Ruiter, M. B., Van Dyck, R., & Veltman, D. J. (2007). Neural correlates of enhanced working-memory performance in dissociative disorder: A functional MRI study. *Psychological Medicine, 37,* 235–245.

Elzinga, B. M., de Beurs, E., Sergeant, J. A., & an Dyck, R., & Phaf, R. H. (2000). Dissociative style and directed forgetting. *Cognitive Therapy and Research, 24,* 279–295.

Elzinga, B. M., Phaf, R. H., Ardon, A. M., & van Dyck, R. (2003). Directed forgetting between, but not within, dissociative personality states. *Journal of Abnormal Psychology, 112,* 237–243.

Evren, C., Sar, V., Dalbudak, E., Cetin, R., Durkaya, M., Evren, B., & Celik, S. (2011). Lifetime PTSD and quality of life among alcohol-dependent men: Impact of childhood emotional abuse and dissociation. *Psychiatry Research, 186,* 85–90.

Evren, C., Sar, V., & Dalbudak, E. (2008). Temperament, character, and dissociation among detoxified male inpatients with alcohol dependency. *Journal of Clinical Psychology, 64,* 717–727.

Evren, C., Sar, V., Karadag, F., Tamar Gurol, D., & Karagoz, M. (2007). Dissociative disorders among alcohol-dependent inpatients. *Psychiatry Research, 152,* 233–241.

Fanselow, M. S. (1986). Conditioned fear-induced opiate analgesia: A compelling motivational state theory of stress analgesia. *Annals of the New York Academy of Sciences, 467,* 40–54.

Farin, B., Liotti, M., & Imperatori, C. (2019). The role of attachment trauma and disintegrative pathogenic processes in the traumatic-dissociative dimension. *Frontiers in Psychology, 10,* 933.

Foa, E. B., & Riggs, D. S. (1995). Posttraumatic stress disorder following assault: Theoretical considerations and empirical findings. *Current Directions in Psychological Science, 4*(2), 61–65.

Foote, B., Smolin, Y., Kaplan, M., Legatt, M. E., & Lipschitz, D. (2006). Prevalence of dissociative disorders in psychiatric outpatients. *American Journal of Psychiatry, 163*(4), 623–629.

Frankel, F. H. (1994). The concept of flashbacks in historical perspective. *The International Journal of Clinical and Experimental Hypnosis, 42*(4), 321–336.

Frewen, P. A., Brown, M. F. D., Steuwe, C., & Lanius, R. A. (2015). Latent profile analysis and principal axis factoring of the DSM-5 dissociative subtype. *European Journal of Psychotraumatology, 6*, 26406.

Frewen, P. A., Hegadoren, K., Coupland, N. J., Rowe, B. H., Neufeld, R., & Lanius, R. A. (2019). Trauma-related altered states of consciousness (TRASC) and functional impairment I: Prospective study in acutely traumatized persons. *Journal of Trauma & Dissociation, 16*, 500–519.

Frewen, P. A., & Lanius, R. A. (2006). Neurobiology of dissociation: Unity and disunity in mind–body–brain. *Psychiatria Clinica, 29*(1), 113–128.

Frewen, P. A., & Lanius, R. A. (2014). Trauma-related altered states of consciousness: Exploring the 4-D model. *Journal of Trauma & Dissociation, 15*(4), 436–456.

Frewen, P. A., & Lanius, R. A. (2015). *Healing the traumatized self: Consciousness, neuroscience, treatment.* Norton.

Freyd, J. J., Martorello, S. R., Alvarado, J. S., Hayes, A. E., & Christman, J. C. (1998). Cognitive environments and dissociative tendencies: Performance on the standard Stroop task for high versus low dissociators. *Applied Cognitive Psychology, 12*, 91–103.

Gallagher, M., King, R. A., & Young, N. B. (1983). Opiate antagonists improve spatial memory. *Science, 221*, 975–976.

Gast, U., Rodewald, F., Hofmann, A., Matthess, H., Nijenhuis, E., Reddemann, L., & Emrich, H. M. (2006). Die dissoziative Identitätsstörung – häufig fehldiagnostiziert. *Deutsches Ärzteblatt, 103*(47), 3193–3200.

Gershuny, B. S., & Thayer, J. F. (1999). Relations among psychological trauma, dissociative phenomena, and trauma-related distress: A review and integration. *Clinical Psychology Review, 19*(5), 631–657.

Giesbrecht, T., & Merckelbach, H. (2009). Betrayal trauma theory of dissociative experiences: Stroop and directed forgetting findings. *American Journal of Psychology, 122*, 337–348.

Giesbrecht, T., Merckelbach, H., Geraerts, E., & Smeets, E. (2004). Dissociation in undergraduate students: Disruptions in executive functioning. *The Journal of Nervous and Mental Disease, 192*, 567–569.

Giesbrecht, T., Merckelbach, H., ter Burg, L., Cima, M. J., & Simeon, D. (2008). Acute dissociation predicts rapid habituation of skin conductance responses to aversive auditory probes. *Journal of Traumatic Stress, 21*(2), 247–250.

Gola, H., Engler, H., Schauer, M., Adenauer, H., Riether, C., Kolassa, S., Elbert, T., & Kolassa, I. (2012). Victims of rape show increased cortisol responses to trauma reminders: A study in individuals with war- and torture-related PTSD. *Psychoneuroendocrinology, 37*, 213–220.

68   Literatur

Graf, A., Irblich, D., & Landolt, M. (2008). Posttraumatische Belastungsstörungen bei Säuglingen und Kleinkindern. *Praxis der Kinderpsychologie und Kinderpsychiatrie, 57*(4), 247–263.

Greenwald, R. (2005). *Child trauma handbook: A guide for helping trauma-exposed children and adolescents.* Haworth Press.

Greicius, M. D., Krasnow, B., Reiss, A. L., & Menon, V. (2003). Functional connectivity in the resting brain: A network analysis of the default mode hypothesis. *Proceedings of the National academy of Sciences of the United States of America, 100,* 253–258.

Griffin, M. G., Resick, P. A., & Mechanic, M. B. (1997). Objective assessment of peritraumatic dissociation: Psychophysiological indicators. *American Journal of Psychiatry, 154,* 1081–1088.

Guerreiro, R. J., Santana, I., Bras, J. M., Santiago, B., Paiva, A., & Oliveira, C. (2007). Peripheral inflammatory cytokines as biomarkers in alzheimer's disease and mild cognitive impairment. *Neuro-Degenerative Diseases, 4,* 406–441.

Guralnik, O., Giesbrecht, T., Knutelska, M., Sirroff, B., & Simeon, D. (2007). Cognitive functioning in depersonalization disorder. *The Journal of Nervous and Mental Disease, 195,* 983–988.

Guralnik, O., Schmeidler, J., & Simeon, D. (2000). Feeling unreal: Cognitive processes in depersonalization. *American Journal of Psychiatry, 157,* 103–109.

Haaland, V., & Landrø, N. I. (2009). Pathological dissociation and neuropsychological functioning in borderline personality disorder. *Acta Psychiatrica Scand, 119,* 383–392.

Habas, C., Kamdar, N., Nguyen, D., Prater, K., Beckmann, C. F., Menon, V., & Greicius, M. D. (2009). Distinct cerebellar contributions to intrinsic connectivity networks. *Journal of Neuroscience, 29,* 8586–8594.

Hacker, C. D., Laumann, T. O., Szrama, N. P., Baldassarre, A., Snyder, A. Z., Leuthardt, E. C., & Corbetta, M. (2013). Resting state network estimation in individual subjects. *NeuroImage, 82,* 616–633.

Hagenaars, M. A., Oitzl, M., & Roelofs, K. (2014). Updating freeze: Aligning animal and human research. *Neuroscience and Biobehavioral Reviews, 47,* 165–176.

Harburg, G. C. Hal, F. S. l., Harrist, A. V., Sora, I., Uhl, G. R., & Eisch, A. J. (2007). Knockout of the mu opioid receptor enhances the survival of adult-generated hippocampal granule cell neurons. *Neuroscience, 144*(1), 77–87.

Hariri, A. G., Gulec, M. Y., Orengul, F. F. C., Sumbul, E. A., Elbay, R. Y., & Gulec, H. (2015). Dissociation in bipolar disorder: Relationships between clinical variables and childhood trauma. *Journal of Affective Disorders, 184,* 104–110.

Haugen, M. C., & Castillo, R. J. (1999). Unrecognized dissociation in psychotic outpatients and implications of ethnicity. *The Journal of Nervous and Mental Disease, 187,* 751–754.

Henriksen, G., & Willoch, F. (2008). Imaging of opioid receptors in the central nervous system. *Brain, 131,* 1171–1196.

Holmes, E., Brown, R. J., Mansell, W., Fearon, R. P., Hunter, E., Frasquilho, F., & Oakley, D. A. (2005). Are there two qualitatively distinct forms of dissociation? A review and some clinical implications. *Clinical Psychology Review, 25,* 1–23.

Hopper, J. W., Frewen, P. A., Van der Kolk, B. A., & Lanius, R. A. (2007). Neural correlates of reexperiencing, avoidance, and dissociation in PTSD: Symptom dimensions and emotion dysregulation in responses to script-driven trauma imagery. *Journal of Traumatic Stress, 20*(5), 713–725.

Huang, Z., Zhang, J., Longtin, A., Dumont, G., Duncan, N. W., Pokorny, J., Qin, P., Dai, R., Ferri, F., Weng, X., & Northoff, G. (2017). Is there a nonadditive interaction between spontaneous and evoked activity? Phase-dependence and its relation to the temporal structure of scale-free brain activity. *Cerebral Cortex, 27*(2), 1037–1059.

Huntjens, R. J. C., Peters, M. L., Postma, A., Woertman, L., Effting, M., & van der Hart, O. (2005a). Transfer of newly acquired stimulus valence between identities in dissociative identity disorder (DID). *Behaviour Research and Therapy, 43,* 243–255.

Huntjens, R. J. C., Peters, M. L., Woertman, L., Bovenschen, L. M., Martin, R. C., & Postma, A. (2006). Inter-identity amnesia in dissociative identity disorder: A simulated memory impairment? *Psychological Medicine, 36,* 857–863.

Huntjens, R. J. C., Peters, M. L., Woertman, van der Hart, O., & Postma A. (2007). Memory transfer for emotionally valenced words between identities in dissociative identity disorder. *Behaviour Research and Therapy, 45,* 775–789.

Huntjens, R. J. C., Postma, A., Woertman, L., van der Hart, O., & Peters, M. L. (2005b). Procedural memory in dissociative identity disorder: When can inter-identity amnesia be truly established? *Consciousness and Cognition, 14,* 377–389.

Huntjens, R. J. C., Verschuere, B., & McNally, R. J. (2012). Inter-Identity autobiographical amnesia in patients with dissociative identity disorder. *PLoS ONE, 7,* e40580.

Huntjens, R. J. C., Wessel, I., Hermans, D., & van Minnen, A. (2014). Autobiographical memory specificity in dissociative identity disorder. *Journal of Abnormal Psychology, 123,* 419–428.

International Society for the Study of Trauma and Dissociation. (2011). Guidelines for treating dissociative identity disorder in adults, third revision: Summary version. *Journal of Trauma & Dissociation, 12*(2), 188–212.

Itoh, J., Ukai, M., & Kameyama, T. (1994). Dynorphin A-(1–13) potently improves the impairment of spontaneous alternation performance induced by the mu-selective opioid receptor agonist DAMGO in mice. *Journal of Pharmacology and Experimental Therapeutics, 269,* 15–21.

Jackson, J. H. (1931–1932). *Selected writings of John Hughlings Jackson*, vols I, II. Edited by Taylor J. Hodder.

Janet, P. (1889). *L'automatisme psychologique.* Félix Alcan 1889 (Reprint: Société Pierre Janet, Paris 1889/1973).

Kahn, L., Alonso, G., Normand, E., & Manzoni, O. J. (2005). Repeated morphine treatment alters polysialylated neural cell adhesion molecule, glutamate decarboxylase-67 expression and cell proliferation in the dult rat hippocampus. *European Journal of Neuroscience, 21,* 493–500.

Kallio, S., Hyönä, J., Revonsuo, A., Sikka, P., & Nummenmaa, L. (2011). The existence of a hypnotic state revealed by eye movements. *PLoS ONE, 6*(10), e26374.

Kapfhammer, H. P. (2016). Dissoziative Störungen. In H. J. Möller, G. Laux, & H. P. Kapfhammer (Hrsg.), *Psychiatrie, Psychosomatik, Psychotherapie. Springer Reference Medizin.* Springer.

KatzenPerez, K. R., Jacobs, D. W., Lincoln, A., & Ellis, R. J. (2001). Opioid blockade improves human recognition memory following physiological arousal. *Pharmacology, Biochemistry and Behavior, 70,* 77–84.

Kihlstrom, J. F. (2005). Dissociative disorders. *Annual Review of Clinical Psychology, 1,* 227–253.

Kihlstrom, J. F., Glisky, M. L., & Angiulo, M. J. (1994). Dissociative tendencies and disso-ciative disorders. *Journal of Abnormal Psychology, 103,* 117–124.

Kirschbaum, C., Pirke, K. M., & Hellhammer, D. H. (1993). The trier social stress test: A tool for investigating psychobiological stress responses in a laboratory setting. *Neuropsycho-biology, 28,* 76–78.

Koechlin, E., & Summerfield, C. (2007). An information theoretical approach to prefrontal executive function. *Trends in Cognitive Sciences, 11,* 229–235.

Kong, L. L., Allen, J. J. B., & Glisky, E. L. (2008). Interidentity memory transfer in disso-ciative identity disorder. *Journal of Abnormal Psychology, 117*(3), 686–692.

Kozlowska, K., Walker, P., McLean, L., & Carrive, P. (2015). Fear and the defense cascade. *Harvard Review of Psychiatry, 23,* 263–287.

Kotsopoulos, S., & Snow, B. (1986). Conversion disorders in children: A study of clinical outcome. *Psychiatric Journal of the University of Ottawa, 11,* 134–139.

Krause-Utz, A., Frost, R., Winter, D., & Elzinga, B. M. (2017). Dissociation and alterations in brain function and structure: Implications for borderline personality disorder. *Current Psychiatry Reports, 19,* 6.

Kurita, G. P., Lundorff, L., Pimenta, C. A. D. M., & Sjøgren, P. (2009). The cognitive effects of opioids in cancer: A systematic review. *Supportive Care in Cancer, 17,* 11–21.

Laney, C., & Loftus, E. F. (2008). Emotional content of true and false memories. *Memory (Hove, England), 16*(5), 500–516.

Lanius, R. A., Bluhm, R., Lanius, U., & Pain, C. (2006). A review of neuroimaging stu-dies in PTSD: Heterogeneity of response to symptom provocation. *Journal of Psychiatric Research, 40,* 709–729.

Lanius, R. A., Boyd, J. E., McKinnon, M. C., Nicholson, A. A., Frewen, P. A., Vermetten, E., Jetly, R., & Spiegel, D. (2018). A review of the neurobiological basis of trauma-related dissociation and its relation to cannabinoid- and opioid-mediated stress response: A transdiagnostic. *Translational Approach. Current Psychiatry Reports, 20*(12), 118.

Lanius, R. A., Brand, B., Vermetten, E., Frewen, P. A., & Spiegel, D. (2012). The disso-ciative subtype of posttraumatic stress disorder: Rationale, clinical and neurobiological evidence, and implications: Dissociative subtype of PTSD. *Depression and Anxiety, 29*(8), 701–708.

Lanius, R. A., Vermetten, E., Loewenstein, R. J., Brand, B., Schmahl, C., Bremner, J. D., & Spiegel, D. (2010). Emotion modulation in PTSD: Clinical and neurobiological evidence for a dissociative subtype. *American Journal of Psychiatry, 167*(6), 640–647.

Lanius, R. A., Williamson, P. C., Boksman, K., Densmore, M., Gupta, M., Neufeld, R. W. J., Gati, J. S., & Menon, R. S. (2002). Brain activation during script-driven imagery induced dissociative responses in PTSD: A functional magnetic resonance imaging investigation. *Biological Psychiatry, 52,* 305–311.

Lanius, U., Paulsen, S. L, & Corrigan, F. M. (2014). *Neurobiology and treatment of traumatic dissociation: Toward an embodied self*. Springer.

Lara, V. P., Caramelli, P., Teixeira, A. L., Barbosa, M. T., Carmona, K. C., Carvalho, M. G., Fernandes, A. P., & Gomes, K. B. (2013). High cortisol levels are associated with cognitive impairment no-dementia (CIND) and dementia. *Clinica Chimica Acta, 423,* 18–22.

Lawlor, P. G. (2002). The panorama of opioid-related cognitive dysfunction in patients with cancer: A critical literature appraisal. *Cancer, 94,* 1836–2185.

Lee, R. S. C., Hermens, D. F., Scott, J., Redoblado-Hodge, M. A., Naismith, S. L., Lago-poulos, J., Griffiths, K. R., Porter, M. A., & Hickie, I. B. (2014). A meta-analysis of neuropsychological functioning in first-episode bipolar disorders. *Journal of Psychiatric Research, 5,* 1–11.

Lemche, A. V., Chaban, O. S., & Lemche, E. (2014). Alexithymia as a risk factor for type 2 diabetes mellitus in the metabolic syndrome: A cross-sectional study. *Psychiatry Research, 215*(2), 438–443.

Liotti, G. (2006). A model of dissociation based on attachment theory and research. *Journal of trauma & dissociation: The official journal of the International Society for the Study of Dissociation (ISSD), 7*(4), 55–73.

Liotti, G. (2004). Trauma, dissociation and disorganized attachment: Three strands of a single braid. Psychotherapy: Theory. *Research, Practice and Training, 41,* 472–486.

Liotti, G. (1992). Disorganized/disoriented attachment in the etiology of the dissociative disorders. *Dissociation, 5*(4), 196–204.

Liotti, G. (2009). Attachment and dissociation. In P. Dell & J. A. O'Neil (Hrsg.), *Dissociation and dissociative disorders: DSM-V and beyond* (S. 53–65). Routledge.

Logothetis, N. K. (2008). What we can do and what we cannot do with fMRI. *Nature, 453*(7197), 869–878.

Lovero, K. L., Simmons, A. N., Aron, J. L., & Paulus, M. P. (2009). Anterior insular cortex anticipates impending stimulus significance. *Neuroimag, 45,* 976–983.

Lynn, S. J., Lilienfeld, S. O., Merckelbach, H., Giesbrecht, T., & van der Kloet, D. (2012). Dissociation and dissociative disorders: Challenging conventional wisdom. *Current Directions in Psychological Science, 21*(1), 48–53.

Ma, M. X., Chen, Y. M., He, J., Zeng, T., & Wang, J. H. (2007). Effects of morphine and its withdrawal on Y-maze spatial recognition memory in mice. *Neuroscience, 147,* 1059–1065.

Makino, M., Kitano, Y., Komiyama, C., Hirohashi, M., & Takasuna, K. (2000). Involvement of central opioid systems in human interferon-alpha induced immobility in the mouse forced swimming test. *British Journal of Pharmacology, 130,* 1269–1274.

Mandyam, C. D., Norris, R. D., & Eisch, A. J. (2004). Chronic morphine induces premature mitosis of proliferating cells in the adult mouse subgranular zone. *Journal of Neuroscience Research, 76,* 783–794.

Marazziti, D., Consoli, G., Picchetti, M., Carlini, M., & Faravelli, L. (2010). Cognitive impairment in major depression. *European Journal of Pharmacology, 626,* 83–86.

Marmar, C. R., Weiss, D. S., Schlenger, W. E., Fairbank, J. A., Jordan, B. K., Kulka, R. A., & Hough, R. L. (1994). Peritraumatic dissociation and posttraumatic stress in male Vietnam theater veterans. *American Journal of Psychiatry, 151*(6), 902–907.

Marquez, M., Segui, J., Garcia, L., Canet, J., & Ortiz, M. (2001). Is panic disorder with psychosensorial symptoms (depersonalization-derealization) a more severe clinical subtype? *The Journal of Nervous and Mental Disease, 189,* 332–335.

Mattheß, H., & Schüepp, R. (2013). Dissoziative Störungen. In N. Sack, U. Sachsse, & Scheljon, J. (Hrsg.), *Komplexe Traumafolgestörungen. Diagnostik und Behandlung von folgenschwerer Gewalt und Vernachlässigung* (S. 421–436). Schattauer.

McKinnon, M. C., Boyd, J. E., Frewen, P. A., Lanius, U. F., Jetly, R., Richardson, J. D., et al. (2016). A review of the relation between dissociation, memory, executive functioning and social cognition in military members and civilians with neuropsychiatric conditions. *Neuropsychologia, 90,* 210–234.

McKinnon, M. C., Cusi, A. M., & MacQueen, G. M. (2010). Impaired theory of mind performance in patients with recurrent bipolar disorder: Moderating effect of cognitive load. *Psychiatry Research, 177,* 261–262.

McKinnon, M. C., Levine, B., & Moscovitch, M. (2007). Domain general contributions to social reasoning: The perspective from cognitive neuroscience. In M. J. Roberts (Hrsg.), *Integrating the mind: Domain general vs domain specific processes in higher cognition* (S. 153–177). Psychology Press.

McKinnon, M. C., & Moscovitch, M. (2007). Domain-general contributions to social reasoning: Theory of mind and deontic reasoning re-explored. *Cognition, 102,* 179–218.

Meares, R. (2012). *The dissociation model of borderline personality disorder.* Norton Professional Books.

Meares, R., & Barral, C. (2019). The holistic project of Pierre Janet. Part I: Desintegration or désagrégation. In G. Craparo, F. Ortu, & O. van der Hart (Hrsg.), *Rediscovering Pierre Janet: Trauma, dissociation, and a new context for psychoanalysis* (S. 106–115). Routledge.

Le Merrer, J., Becker, J. A. J., Befort, K., & Kieffer, B. L. (2009). Reward processing by the opioid system in the brain. *Physiological Reviews, 89,* 1379–1412.

Millan, M. J., Agid, Y., Brüne, M., Bullmore, E. T., Carter, C. S., Clayton, N. S., Connor, R., Davis, S., Deakin, B., DeRubeis, R. J., Dubois, B., Geyer, M. A., Goodwin, G. M., Gorwood, P., Jay, T. M., Joëls, M., Mansuy, I. M., Meyer-Lindenberg, A., Murphy, D., … Young, L. J. (2012). Cognitive dysfunction in psychiatric disorders: Characteristics, causes and the quest for improved therapy. *Nature Reviews. Drug Discovery, 11,* 141–168.

Miller, E. K., & Cohen, J. D. (2001). An integrative theory of prefrontal cortex function. *Annual Review of Neuroscience, 24,* 67–202.

Minshew, R., & D'Andrea, W. (2015). Implicit and explicit memory in survivors of chronic interpersonal violence. *Psychological Trauma Theory Research Practice & Policy, 7,* 67–75.

Molina-Serrano, A., Linotte, S., Amat, M., Souery, D., & Barreto, M. (2008). Dissociation in major depressive disorder: A pilot study. *Journal of Trauma & Dissociation, 9,* 411–421.

Morgan, C. A., Doran, A., Steffian, G., Hazlett, G., & Southwick, S. M. (2006). Stress-induced deficits in working memory and visuo-constructive abilities in special operations soldiers. *Biological Psychiatry, 60,* 722–729.

Mucci, C. (2018). *Borderline bodies: Affect regulation therapy for personality disorders.* WW Norton & Company.

Mucci, C., Craparo, G., & Lingiardi, V. (2019). From Janet to Bromberg, via Ferenczi. Standing in the spaces of the literature on dissociation. In G. Craparo, F. Ortu, & O. Van der Hart (Hrsg.), Rediscovering Pierre Janet: Trauma, Dissociation, and a New Context for Psychoanalysis. Routledge.

Mudrik, L., Faivre, N., & Koch, C. (2014). Information integration without awareness. *Trends in Cognitive Sciences, 18*(9), 488–496.

Mueller, C., Klega, A., Buchholz, H. G., Rolke, R., Magerl, W., Schirrmacher, R., Schirrmacher, E., Birklein, F., Treede, R. D., & Schreckenberger, M. (2010). Basal opioid receptor binding is associated with differences in sensory perception in healthy human subjects: A [18F]diprenorphine PET study. *NeuroImage, 49,* 731–737.

Mula, M., Pini, S., & Cassano, G. B. (2007). The neurobiology and clinical significance of depersonalization in mood and anxiety disorders: A critical reappraisal. *Journal of Affective Disorders, 99*, 91–99.

Mula, M., Pini, S., Preve, M., Masini, M., Giovannini, I., & Cassano, G. B. (2009). Clinical correlates of depersonalization symptoms in patients with bipolar disorder. *Journal of Affective Disorders, 115*, 252–256.

Murray, J., Ehlers, A., & Mayou, R. (2002). Dissociation and post-traumatic stress disorder: Two prospective studies of road traffic accident survivors. *British Journal of Psychiatry, 180*(4), 363–368.

Myers, C. S. (1915, 13. Februar). *A contribution to the study of shell shock. Being an account of three cases of loss of memory, vision, smell, and taste, admitted into the Duchess of Westminster's War Hospital, Le Toquet* (S. 316–320). Lancet.

Nazarov, A., Frewen, P., Parlar, M., Oremus, C., Macqueen, G., Mckinnon, M., & Lanius, R. A. (2014). Theory of mind performance in women with posttraumatic stress disorder related to childhood abuse. *Acta Psychiatrica Scand, 129*, 193–201.

Nazarov, A., Frewen, P., Oremus, C., Schellenberg, E. G., Mckinnon, M. C., & Lanius, R. A. (2015). Comprehension of affective prosody in women with post-traumatic stress disorder related to childhood abuse. *Acta Psychiatrica Scand, 131*, 342–349.

Nicholson, A. A., Densmore, M., Frewen, P. A., Théberge, J., Neufeld, R. W., McKinnon, M. C., & Lanius, R. A. (2015). The dissociative subtype of posttraumatic stress disorder: Unique resting-state functional connectivity of basolateral and centromedial amygdala complexes. *Neuropsychopharmacology, 40*, 2317–2326.

Nicholson, A. A., Sapru, I., Densmore, M., Frewen, P. A., Neufeld, R. W. J., Theberge, J., et al. (2016). Unique insula subregion resting-state functional connectivity with amygdala complexes in posttraumatic stress disorder and its dissociative subtype. *Psychiatry Research: Neuroimaging, 250*, 61–72.

Nijenhuis, E. R. (2001). Somatoform dissociation: Major symptoms of dissociative disorders. *Journal of Trauma & Dissociation, 1*(4), 7–32.

Northoff, G. (2018). The brain's spontaneous activity and its psychopathological symptoms – "Temporo-spatial binding and integration". *Progress in Neuro-Psychopharmacology & Biological Psychiatry, 80*, 81–90.

Northoff, G., & Duncan, N. W. (2016). How do abnormalities in the brain's spontaneous activity translate into symptoms in schizophrenia? From an overview of resting state activity findings to a proposed spatiotemporal psychopathology. *Progress in Neurobiology, 145*, 26–45.

Northoff, G., & Huang, Z. (2017). How do the brain's time and space mediate consciousness and its different dimensions? Temporo-spatial theory of consciousness (TTC). *Neuroscience and Biobehavioral Reviews, 80*, 630–645.

Northoff, G., Wainio-Theberge, S., & Evers, K. (2019). Is temporo-spatial dynamics the "common currency" of brain and mind? In Quest of "Spatiotemporal Neuroscience". *Physics of Life Reviews, 33*, 34–54.

Nuller, Y. L., Morozova, M. G., Kushnir, O. N., & Hamper, N. (2001). Effect of naloxone therapy on depersonalization: A pilot study. *Journal of Psychopharmacology, 15*, 93–95.

Oedegaard, K. J., Neckelmann, D., Benazzi, F., Syrstad, V. E. G., Akiskal, H. S., & Fasmer, O. B. (2008). Dissociative experiences differentiate bipolar-II from unipolar depressed patients: The mediating role of cyclothymia and the Type A behaviour speed and impatience subscale. *Journal of Affective Disorders, 108,* 207–216.

Olsen, S. A, & Beck, J. A. (2012). The effects of dissociation on information processing for analogue trauma and neutral stimuli: A laboratory study. *Journal of Anxiety Disorders, 26,* 225–232.

Ono, M., Devilly, G. J., & Shum, D. H. K. (2016). A meta-analytic review of overgeneral memory: The role of trauma history, mood, and the presence of posttraumatic stress disorder. *Psychological Trauma: Theory, Research, Practice, 8,* 157–164.

Park, H. D., & Tallon-Baudry, C. (2014). The neural subjective frame: From bodily signals to perceptual consciousness. *Philosophical Transactions of the Royal Society of London. Series B, 369*(1641), 20130208.

Park, H. D., Correia, S., Ducorps, A., & Tallon-Baudry, C. (2014). Spontaneous fluctuations in neural responses to heartbeats predict visual detection. *Nature Neuroscience, 17*(4), 612–618.

Parlar, M., Frewen, P. A., Oremus, C., Lanius, R. A., & Mckinnon, M. C. (2016). Dissociative symptoms are associated with reduced neuropsychological performance in patients with recurrent depression and a history of trauma exposure. *European Journal of Psychotraumatology, 7,* 1–9.

Passos, I. C., Vasconcelos-Moreno, M. P., Costa, L. G., Kunz, M., Brietzke, E., Quevedo, J., Salum, G., Magalhaes, P. V., Kapczinski, F., & Kauer-Sant'Anna, M. (2015). Inflammatory markers in post-traumatic stress disorder: A systematic review, meta-analysis, and meta-regression. *Lancet Psychiatry, 2,* 1002–1012.

Patanella, A. K., Zinno, M., Quaranta, D., Nociti, V., Frisullo, G., Gainotti, G., Tonali, P. A., Batocchi, A. P., & Marra, C. (2010). Correlations between peripheral blood mononuclear cell production of BDNF, performances in multiple sclerosis patients. *Journal of Neuroscience Research, 88,* 1106–1112.

Peng, L., Xu, L., & Ouyang, W. (2013). Role of peripheral inflammatory markers in postoperative cognitive dysfunction (POCD): A meta-analysis. *PLoS ONE, 8,* 1–1.

Petersen, S. E., & Posner, M. I. (2012). The attention system of the human brain: 20 years after. *Annual Review of Neuroscience, 35,* 73–89.

Petrides, M. (2005). Lateral prefrontal cortex: Architectonic and functional organization. *Philosophical Transactions of the Royal Society of London. Series B, Biological sciences, 360,* 781–795.

Phillips, M. L., Medford, N., Senior, C., Bullmore, E. T., Suckling, J., Brammer, M. J., Andrew, C., Sierra, M., Williams, S. C. R., & David, A. S. (2001). Depersonalization disorder: Thinking without feeling. *Psychiatry Research: Neuroimaging, 108*(3), 145–160.

Pitman, R. K., van der Kolk, B. A., Orr, S. P., & Greenberg, M. S. (1991). Naloxone-reversible analgesic response to combat-related stimuli in posttraumatic stress disorder: A pilot study. *Archives of General Psychiatry, 47,* 541–544.

Polak, A. R., Witteveen, A. B., Reitsma, J. B., & Olff, M. (2012). The role of executive function in posttraumatic stress disorder: A systematic review. *Journal of Affective Disorders, 141*(1), 11–21.

Priebe, K., Stiglmayr, C., & Schmahl, C. (2016). Dissoziative Störungen. In U. Voderholzer & F. Hohagen (Hrsg.), *Therapie psychischer Erkrankungen* (11. Aufl., S. 287–300). Urban & Fischer.

Putnam, F. W. (1995). Traumatic stress and pathological dissociation. *Annals of the New York Academy of Sciences, 771*(1), 708–715.

Putnam, F. W. (1997). *Dissociation in children and adolescents. A developmental perspective.* Guilford.

Qin, P., & Northoff, G. (2011). How is our self related to midline regions and the default-mode network? *NeuroImage, 57,* 1221–2123.

Quevedo, K., Johnson, A. E., Loman, M. L., LaFavor, T. L., & Gunnar, M. (2012). The confluence of adverse early experience and puberty on the cortisol awakening response. *International Journal of Behavioral Development, 36,* 19–28.

Rabellino, D., Densmore, M., Harricharan, S., Jean, T., McKinnon, M. C., & Lanius, R. A. (2017). Resting-state functional connectivity of the bed nucleus of the stria terminalis in post-traumatic stress disorder and its dissociative subtype. *Human Brain Mapping, 39,* 1367–1379.

Raichl, M. E., MacLeod, A. M., Snyder, A. Z., Powers, W. J., Gusnard, D. A., & Shulman, G. L. (2001). A default mode of brain function. *Proceedings of the National academy of Sciences of the United States of America, 98,* 676–682.

Reinders, A. A., Marquand, A. F., Schlumpf, Y. R., Chalavi, S., Vissia, E. M., Nijenhuis, E. R., & Veltman, D. J. (2019). Aiding the diagnosis of dissociative identity disorder: Pattern recognition study of brain biomarkers. *The British Journal of Psychiatry, 215*(3), 536–544.

Reinders, A. A. T. S., Nijenhuis, E. R. S., Quak, J., Korf, J., Haaksma, P. A. M. J., Willemsen, A. T. M., & Den Boer, J. A. (2006). Psychobiological characteristics of dissociative identity disorder: A symptom provocation study. *Biological psychiatry, 60*(7), 730–740.

Reinders, A. A. T. S., Willemsen, A. T. M., Den Boer, J. A., Vos, H. P. J., Veltman, D. J., & Loewenstein, R. J. (2014). Opposite brain emotion-regulation patterns in identity states of dissociative identity disorder: A PET study and neurobiological model. *Psychiatry Research: Neuroimaging, 223,* 236–243.

Reinders, A. A., Willemsen, A. T. M., Vos, H. P. J., den Boer, J. A., & Nijenhuis, E. R. S. (2012). Fact or factitious? A psychobiological study of authentic and simulated dissociative identity states. *PLoS ONE, 7*(6), e3927.

Rivera-Vélez, G. M., González-Viruet, M., Martínez-Taboas, A., & Pérez-Mojica, D. (2014). Post-traumatic stress disorder, dissociation, and neuropsychological performance in Latina victims of childhood sexual abuse. *Journal of Child Sexual Abuse, 23,* 55–73.

Remschmidt, H., Schmidt, M. H., & Poustka, F. (2006). *Multiaxiales Klassifikationsschema für psychische Störungen des Kindes- und Jugendalters nach ICD-10 der WHO* (5. Aufl.). Huber.

Renard, S. B., Pijnenborg, M., & Lysaker, P. H. (2012). Dissociation and social cognition in schizophrenia spectrum disorder. *Schizophrenia Research, 137,* 219–223.

Roca, V., Hart, J., Kimbrell, T., & Freeman, T. (2006). Cognitive function and dissociative disorder status among veteran subjects with chronic posttraumatic stress disorder: A preliminary study. *Journal of Neuropsychiatry and Clinical Neurosciences, 18,* 226–230.

Rock, P. L., Roiser, J. P., Riedel, W. J., & Blackwell, A. D. (2014). Cognitive impairment in depression: A systematic review and meta-analysis. *Psychological Medicine, 44*(10), 2029–2040.

Ross, C. A., Joshi, S., & Currie, R. (1991). Dissociative experiences in the general population: A factor analysis. *Hospital & Community Psychiatry, 42,* 297–301.

Ruben, J., Schwiemann, J., Deuchert, M., Meyer, R., Krause, T., Curio, G., & Villringer, A. (2001). Somatotopic organization of human secondary somatosensory cortex. *Cerebral Cortex, 11*(5), 463–473.

Şar, V., Akyüz, G., Oztürk, E., & Alioğlu, F. (2013). Dissociative depression among women in the community. *Journal of Trauma & Dissociation, 14*, 423–438.

Şar, V., Taycan, O., Bolat, N., Ozmen, M., Duran, A., Oztürk, E., & Ertem-Vehid, H. (2010). Childhood trauma and dissociation in schizophrenia. *Psychopathology, 43*, 33–40.

Savla, G. N., Vella, L., Armstrong, C. C., Penn, D. L., & Twamley, E. W. (2013). Deficits in domains of social cognition in schizophrenia: A meta-analysis of the empirical evidence. *Schizophrenia Bulletin, 39*, 979–992.

Scalabrini, A., Mucci, C., Esposito, R., Damiani, S., & Northoff, G. (2020). Dissociation as a disorder of integration - On the footsteps of Pierre Janet. *Progress in Neuro-Psychopharmacology and Biological Psychiatry, 101*, 1–12.

Schacter, D. L. (1996). *Searching for memory: The brain, the mind, and the past.* Basic Books.

Schauer, M., & Elbert, T. (2010). Dissociation following traumatic stress. *Zeitschrift Psychol/J Psychol, 218*(2), 109–127.

Schiltenwolf, M., Akbar, M., Hug, A., Pfüller, U., Gantz, S., Neubauer, E., Flor, H., & Wang, H. (2014). Evidence of specific cognitive deficits in patients with chronic low back pain under long-term substitution treatment of opioids. *Pain Physician, 17*, 9–20.

Schlumpf, Y. R., Reinders, A. A. T. S., Nijenhuis, E. R. S., Luechinger, R., Van Osch, M. J. P., & Ja, L. (2004). Dissociative part-dependent resting-state activity in dissociative identity disorder: A Controlled fMRI perfusion study. *PLoS ONE, 9*, e98795.

Schlumpf, Y. R., Nijenhuis, E. R. S., Chalavi, S., Weder, E. V., Zimmermann, E., Luechinger, R., & Jäncke, L. (2013). Dissociative part-dependent biopsychosocial reactions to backward masked angry and neutral faces: An fMRI study of dissociative identity disorder. *NeuroImage, 3*, 54–64.

Schmahl, C., Kleindienst, N., Limberger, M., Ludäscher, P., Mauchnik, J., Deibler, P., Brünen, S., Hiemke, C., Lieb, K., Herpertz, S., Reicherzer, M., Berger, M., & Bohus, M. (2012). Evaluation of naltrexone for dissociative symptoms in borderline personality disorder. *International Clinical Psychopharmacology, 27*, 61–68.

Shaw, J., & Porter, S. (2015). Constructing rich false memories of committing crime. *Psychological Science, 26*(3), 291–301.

Schore, A. N. (2002). Dysregulation of the right brain: A fundamental mechanism of traumatic attachment and the psychopathogenesis of posttraumatic stress disorder. *Australian and New Zealand Journal of Psychiatry, 36*, 9–30.

Schore, A. N. (2011a). The right brain implicit self lies at the core of psychoanalysis. *Psychoanalytic Dialogues, 21*(1), 75–100.

Schore, A. N. (2011b). Attachment trauma and the developing right brain: Origins of pathological dissociation. In P. F. Dell & J. A. O'Neil (Hrsg.), *Dissociation and the dissociative disorders: DSM-V and beyond.* Routledge.

Scott, J. C., Matt, G. E., Wrocklag, K. M., Crnich, C., Jordan, J., Southwick, S. M., Krystal, J. H., & Schweinsburg, B. C. (2014). A quantitative meta-analysis of neurocognitive functioning in posttraumatic stress disorder. *Psychological Bulletin, 141*, 105–140.

Seeley, W. W., Menon, V., Schatzberg, A. F., Keller, J., Glover, G. H., Kenna, H., Reiss, A. L., & Greicius, M. D. (2007). Dissociable intrinsic connectivity networks for salience processing and executive control. *Journal of Neuroscience, 27*, 349–2356.

Semiz, U. B., Inanc, L., & Bezgin, C. H. (2014). Are trauma and dissociation related to treatment resistance in patients with obsessive–compulsive disorder? *Social Psychiatry and Psychiatric Epidemiology, 49,* 1287–1296.

Shin, N. Y., Lee, T. Y., Kim, E., & Kwon, J. S. (2014). Cognitive functioning in obsessive-compulsive disorder: A meta-analysis. *Psychological Medicine, 44,* 1121–1130.

Siegel, D. J. (1999). *The developing mind: Toward a neurobiology of Interpersonal experience.* Guilford Press.

Sierra, M. (2009). *Depersonalization: A new look at a neglected syndrome.* Cambridge University Press.

Sierra, M., Medford, N., David, W. G., & AS,. (2012). Depersonalization disorder and anxiety: A special relationship? *Psychiatry Research, 197,* 123–127.

Simeon, D., & Knutelska, M. (2005). An open trial of naltrexone in the treatment of depersonalization disorder. *Journal of Clinical Psychopharmacology, 25,* 267–270.

Smith, S. M., Fox, P. T., Miller, K. L., Glahn, D. C., Fox, P. M., Mackay, N. F., Watkins, K. E., Toro, R., Laird, A. R., & Beckmann, C. F. (2009). Correspondence of the brain's functional architecture during activation and rest. *Proceedings of the National Academy of Sciences, 106*(31), 13040–13045.

Somer, E., Abu-Rayya, H. M., & Brenner, R. (2021). Childhood trauma and maladaptive daydreaming: Fantasy functions and themes in a multi-country sample. *Journal of Trauma & Dissociation: The Official Journal of the International Society for the Study of Dissociation (ISSD), 22*(3), 288–303.

Spiegel, D., & Cardeña, E. (1991). Disintegrated experience: The dissociative disorders revisited. *Journal of Abnormal Psychology, 100,* 366–378.

Spiegel, D., Lewis-Fernández, R., Lanius, R., Vermetten, E., Simeon, D., & Friedman, M. (2013). Dissociative disorders in DSM-5. *Annual Review of Clinical Psychology, 9,* 299–326.

Spiegel, D., Loewenstein, R. J., Lewis-Fernandez, R., Sar, V., Simeon, D., Vermetten, E., Cardena, E., & Dell, P. F. (2011). Dissociative disorders in DSM-5. *Depression and Anxiety, 28*(2), 824–852.

Spitzer, C., Barnow, S., Freyberger, H. J., & Grabe, H. J. (2007a). Dissociation predicts symptom-related treatment outcome in short-term inpatient psychotherapy. *The Australian and New Zealand Journal of Psychiatry, 41*(8), 682–687.

Spitzer, C., Barnow, S., Freyberger, H. J., & Grabe, H. J. (2007b). „Pathologische Dissoziation" – ein sinnvolles Konzept? *Trauma und Gewalt, 1,* 34–44.

Spreng, R. N., Mar, R. A., & Kim, A. S. N. (2009). The common neural basis of autobiographical memory, prospection, navigation, theory of mind, and the default mode: A quantitative meta-analysis. *Journal of Cognitive Neuroscience, 2,* 489–510.

Sridharan, D., Levitin, D. J., & Menon, V. (2008). A critical role for the right fronto-insular cortex in switching between central-executive and default-mode networks. *Networks, 105,* 12569–12574.

Steele, K., Dorahy, M., Van der Hart, O., & Nijenhuis, E. R. S. (2009). Dissociation versus alterations in consciousness: Related but different concepts. In P. F. Dell & J. A. O'Neil (Hrsg.), *Dissociation and the dissociative disorders: DSM-V and beyond* (S. 155–170). Routledge.

Stein, D. J., Koenen, K. C., Friedman, M. J., Hill, E., McLaughlin, K., Petukhova, M., Ruscio, A. M., Shahly, V., Spiegel, D., Borges, G., Bunting, B., Caldas-de-Almeida, J. M., de

Girolam, G., Demyttenaere, K., Florescu, S., Haro, J. M., Karam, E. G., Kovess-Masfety, V., Lee, S., … Kessler, R. C. (2013). Dissociation in posttraumatic stress disorder: Evidence from the world mental health surveys. *Biological Psychiatry, 73,* 302–312.

Steuwe, C., Daniels, J. K., Frewen, P. A., Densmore, M., Theberge, J., & Lanius, R. A. (2015). Effect of direct eye contact in women with PTSD related to interpersonal trauma: Psychophysiological interaction analysis of connectivity of an innate alarm system. *Psychiatry Research: Neuroimaging, 232,* 162–167.

Steuwe, C., Lanius, R. A., & Frewen, P. A. (2012). Evidence for a dissociative subtype of PTSD by latent profile and confirmatory factor analyses in a civilian sample. *Depression and Anxiety, 29*(8), 689–700.

Tallon-Baudry, C., Campana, F., Park, H. D., & Babo-Rebelo, M. (2018). The neural monitoring of visceral inputs, rather than attention, accounts for first-person perspective in conscious vision. *Cortex, 102,* 139–149.

Tamar-Gurol, D., Sar, V., Karadag, F., Evren, C., & Karagoz, M. (2008). Childhood emotional abuse, dissociation, and suicidality among patients with drug dependency in Turkey. *Psychiatry and Clinical Neurosciences, 62,* 540–547.

Teicher, M. H., Rabi, K., Sheu, Y. S., Serafine, S. B., Andersen, S. L., Anderson, C. M., et al. (2010). Neurobiology of childhood trauma and adversity. In R. A. Lanius, E. Vermetten, & C. Pain (Hrsg.), *The impact of early relational trauma on helath and disease: The hidden epidemic* (S. 112–122). Cambridge University Press.

Thompson, E., & Zahavi, D. (2007). Philosophical theories of consciousness: Continental perspectives. In P. D. Zelazo, M. Moscovitch, & E. Thompson (Hrsg.), *Cambridge handbook of consciousness.* Cambridge University Press.

Tsai, J., Armour, C., Southwick, S. M., & Pietrzak, R. H. (2015). Dissociative subtype of DSM-5 posttraumatic stress disorder in U.S. veterans. *Journal of Psychiatric Research, 66–67,* 67–74.

Tursich, M., Neufeld, R. W. J., Frewen, P. A., Harricharan, S., Kibler, J. L., Rhind, S. G., & Lanius, R. A. (2014). Association of trauma exposure with proinflammatory activity: A transdiagnostic meta-analysis. *Translational Psychiatry, 4*(7), e413.

Tursich, M., Ros, T., Frewen, P. A., Kluetsch, R. C., Calhoun, V. D., & Lanius, R. A. (2015). Distinct intrinsic network connectivity patterns of post-traumatic stress disorder symptom clusters. *Acta Psychiatrica Scandinavica, 132*(1), 29–38.

Twamley, E. W., Allard, C. B., Thorp, S. R., Norman, S. B., Hami Cissell, S., Hughes Berardi, K., Grimes, E. M., & Stein, M. B. (2009). Cognitive impairment and functioning in PTSD related to intimate partner violence. *Journal of the International Neuropsychological Society, 15,* 879–887.

Ukai, M., Takada, A., Sasaki, Y., & Kameyama, T. (1997). Stimulation of delta1- and delta2-opioid receptors produces amnesia in mice. *European Journal of Pharmacology, 338,* 1–6.

Van der Hart, O. (2021). Trauma-related dissociation: An analysis of two conflicting models. *European Journal of Trauma & Dissociation, 5,* 4.

Van der Hart, O., & Nijenhuis, E. R. S. (1998). Recovered memories of abuse and dissociative identity disorder. *The British Journal of Psychiatry: The Journal of Mental Science, 173,* 537–538.

Van der Hart, O., Nijenhuis, E. R., & Steele, K. (2006). *The haunted self: Structural dissociation and the treatment of chronic traumatization.* WW Norton & Company.

Van der Hart, O., Nijenhuis, E. R. S., Steele, K., & Brown, D. (2004). Trauma-related dissociation: Conceptual clarity lost and found. *Australian and New Zealand Journal of Psychiatry, 38*(11/12), 906–914.

Van der Kolk, B. A. (2001). The psychobiology and psychopharmacology of PTSD. *Human Psychopharmacology, 16,* S49–S64.

Van der Kolk, B. A. (2015). *The body keeps the score: Brain, mind, and body in the healing of trauma.* Penguin Books.

Van der Kolk, B. A., & Fisler, R. (1995). Dissociation and the fragmentary nature of traumatic memories: Overview and exploratory study. *Journal of Traumatic Stress, 8*(4), 505–525.

Van der Kolk, B. A., Greenberg, M. S., Orr, S. P., & Pitman, R. K. (1989). Endogenous opioids, stress induced analgesia, and posttraumatic stress disorder. *Psychopharmacology Bulletin, 25,* 417–421.

Van der Kolk, B. A., Van der Hart, O., & Marmar, C. R. (1996). Dissociation and information processing in posttraumatic stress disorder. In B. A. van der Kolk, A. C. McFarlane, & L. Weisaeth (Hrsg.), *Traumatic stress: The effects of overwhelming experience on mind, body, and society* (S. 303–327). Guilford Press.

Veltman, D. J., de Ruiter, M. B., Rombouts, S. A. R. B., Lazeron, R. H. C., Barkhof, F., Van Dyck, R., Dolan, R. J., & Phaf, R. H. (2005). Neurophysiological correlates of increased verbal working memory in high-dissociative participants: A functional MRI study. *Psychological Medicine, 35,* 175–185.

Vorderholzer, U., & Hohagen, F. (Hrsg.). (2013). *Therapie psychischer Erkrankungen. State oft the Art* (13. Aufl.). Urban & Fischer.

Wade, T. J. (2000). Evolutionary theory and self-perception: Sex differences in body esteem predictors of self-perceived physical and sexual attractiveness and self-esteem. *International Journal of Psychology, 35,* 36–45.

Walter, K. H., Palmieri, P. A., & Gunstad, J. (2010). More than symptom reduction: Changes in executive function over the course of PTSD treatment. *Journal of Traumatic Stress, 23,* 292–295.

Watson, D., Wu, K. D., & Cutshall, C. (2004). Symptom subtypes of obsessive-compulsive disorder and their relation to dissociation. *Journal of Anxiety Disorders, 18,* 435–458.

Weaver, K. E., Wander, J. D., Ko, A. L., Casimo, K., Grabowski, T. J., Ojemann, J. G., & Darvas, F. (2016). Directional patterns of cross frequency phase and amplitude coupling within the resting state mimic patterns of fMRI functional connectivity. *NeuroImage, 128,* 238–251.

Weitzenhoffer, A. M. (1971). A case of pursuit-like eye movements directly reflecting dream content during hypnotic dreaming. *Perceptual and motor skills, 32*(3), 701–702.

Williams, L. M., Phillips, M. L., Brammer, M. J., Skerrett, D., Lagopoulos, J., Rennie, C., Bahramali, H., Olivieri, G., David, A. S., Peduto, A., & Gordon, E. (2001). Arousal dissociates amygdala and hippocampal fear responses: Evidence from simultaneous fMRI and skin conductance recording. *NeuroImage, 14,* 1070–1079.

Winter, D., Krause-Utz, A., Lis, S., Chiu, C. D., Lanius, R. A., Schriner, F., Bohus, M., & Schmahl, C. (2015). Dissociation in borderline personality disorder: Disturbed cognitive and emotional inhibition and its neural correlates. *Psychiatry Research: Neuroimaging, 233,* 339–351.

80

Wolf, E. J., Lunney, C. A., Miller, M. W., Resick, P. A., Friedman, M. J., & Schnurr, P. P. (2012). The dissociative subtype of PTSD: A replication and extension. *Depression and Anxiety, 29,* 679–688.

World Health Organization. (1992). *ICD-10: International statistical classification of diseases and related health problems: Tenth revision* (1. Aufl.). World Health Organization.

World Health Organization. (2020). *ICD-11: International statistical classification of diseases and related health problems* (11th revision, 1. Aufl.). World Health Organization.

Wykes, T., Huddy, V., Cellard, C., McGurk, S. R., & Czobor, P. (2011). A meta-analysis of cognitive remediation for schizophrenia: Methodology and effect sizes. *American Journal of Psychiatry, 168,* 472–485.

Yaffe, K., Lindquist, K., Penninx, B. W., Simonsick, E. M., Pahor, M., Kritchevsky, S., Launer, L., Kuller, L., Rubin, S., & Harris, T. (2003). Inflammatory markers and cognition in well-functioning african-american and white elders. *Neurology, 61,* 76–78.

Yu, J., Ross, C. A., Keyes, B. B., Li, Y., Dai, Y., Zhang, T., Wang, L., Fan, Q., & Xiao, Z. (2010). Dissociative disorders among Chinese inpatients diagnosed with schizophrenia. *Journal of Trauma & Dissociation, 11,* 358–372.

Zaba, M., Kirmeier, T., Ionescu, I. A., Wollweber, B., Buell, D. R., Gall-Kleebach, D. J., Schubert, C. F., Novak, B., Huber, C., Köhler, K., Holsboer, F., Pütz, B., Müller-Myhsok, B., Höhne, N., Uhr, M., Ising, M., Herrmann, L., & Schmidt, U. (2015). Identification and characterization of HPA-axis reactivity endophenotypes in a cohort of female PTSD patients. *Psychoneuroendocrinology, 5,* 102–115.

Zang, Y., Jiang, T., Lu, Y., He, Y., & Tian, L. (2004). Regional homogeneity approach to fMRI data analysis. *NeuroImage, 22*(1), 394–400.

Zhu, F., xia Yan, C., Zhao, Y., Zhao, Y., ping Li, P., bin Li, S. (2011). Effects of pre-training morphine on spatial memory acquisition and retrieval in mice. *Physiology & Behavior, 104,* 754–776.

Zmigrod, S., & Hommel, B. (2011). The relationship between feature binding and consciousness: Evidence from asynchronous multi-modal stimuli. *Consciousness and Cognition, 20*(3), 586–593.

Zuo, X. N., Xu, T., Jiang, L., Yang, Z., Cao, X. Y., He, Y., Zang, Y. F., Castellanos, F. X., & Milham, M. P. (2013). Toward reliable characterization of functional homogeneity in the human brain: Preprocessing, scan duration, imaging resolution and computational space. *NeuroImage, 65,* 374–386.

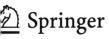
}essentials{

Patrizia Thoma

Neuropsychologie der Schizophrenie

Eine Einführung für
Psychotherapeutinnen
und Psychotherapeuten

Springer

Jetzt bestellen:
link.springer.com/978-3-658-25735-4

Printed in the United States
by Baker & Taylor Publisher Services